Dein Insider-Trip Mecklenburgische Seenplatte

Es ist Wundertütenzeit an der Mecklenburgischen Seenplatte! Lecker essen oder Gas geben, entspannen oder feiern, kreativ sein oder einfach nur leben – wiewowas?

Steckt alles in diesem Buch.

Kenn ich, sagst du. Weiß ich. War ich schon. Echt jetzt? Probier's aus! Werd zum Abenteuersucher, zum Wandervogel. Sei neugierig, erlebnishungrig, sei ein Um-die-Ecke-Denker und -Entdecker. Gleich hier, vor der eigenen Haustür. New York, Rio, Tokio? Braucht kein Mensch. Das Abenteuer ist hier.

Los geht's →

Inhalt

Das Beste → für jede Lust & Laune

Wonach ist dir heute?
Fang an, wo du willst. Probier alles aus.

Oder hier entlang

↓

Idyllische Seen, ehrwürdige Schlösser, frischer Fisch – so kennst und liebst du die Seenplatte. Und echte Klassiker werden auch niemals langweilig. Schau um die Ecke, nimm eine andere Perspektive ein, such die geheimen Orte und neuen Interpretationen. Und huch: Ist da schon ein neuer Klassiker im Anmarsch?

Die Klassiker reloaded

Altbekanntes ganz neu erleben

Eichenperspektiven
Von unten, von oben, als Kuchen

→ **Ob die Ivenacker Eichen wirklich 1000 Jahre alt sind, ist unbekannt. Nahe dran sind sie auf jeden Fall**

Was für ein Oschi! Wie Krakenarme ragen die dicken Äste vom noch dickeren Stamm der mächtigen Eiche empor, knorrig, dunkel und alt. Die Eiche mit dem dicksten Stamm wird auf 1000 Jahre geschätzt – unter ihr dürften noch die alten Slawen ihr Wild gebrutzelt haben. Sie kannst du nur aus einigen Metern Abstand bestaunen. Aber auch alle anderen sind es wert, dass du sie dir mal (wieder) genauer anschaust. Beispielsweise aus der Zwergenperspektive: Leg dein Smartphone im Selbstauslöser-Modus auf den Boden und stell dich neben eine der *Ivenacker Eichen* – wie winzig ist der Mensch gegen diese alten Giganten. Oder leg dich gleich auf den Boden, zoome direkt in die Baumkrone hinein und bewundere das Spiel der Grüntöne über dir.

Doch lieber aus der Vogelperspektive? Auf dem erst vor wenigen Jahren angelegten Baumkronenpfad kannst du die mächtigste Eiche und ihre Kollegen aus 40 m Höhe bewundern. Wer so alt ist, hat natürlich auch ein paar Titel auf dem Buckel: 2016 wurde der Eichenwald als erstes Nationales Naturmonument Deutschlands ausgezeichnet und 2020 zum Waldgebiet des Jahres gekürt. Die größte Ehre hat den Bäumen allerdings Familie Komander aus dem nahen Dorf Grammentin erwiesen: Nach einem Besuch bei den Eichen waren sie so beeindruckt, dass sie auf die Idee kamen, einen Ivenacker Baumkuchen zu kreieren. Inzwischen ist der Baumkuchen der *Konditorei Komander* patentgeschützt und hat eine eigene Webseite.

1 **Ivenacker Eichen im Ivenacker Tierpark • 17153 Ivenack • ivenacker-eichen.de**

2 **Konditorei Komander • Dorfstr. 7–9, 17153 Grammentin • ivenacker-baumkuchen.com**

Paddeln für Profis

Amazonasfeeling auf der Warnow

Ja, es heißt »Seenplatte«. Doch in der Region gibt es auch jede Menge Flüsse, und die eignen sich ganz wunderbar zum Kanupaddeln. Der berühmteste und beliebteste ist sicher die Peene, der »Amazonas des Nordens«, die sich durch die unberührte Flusslandschaft der Mecklenburgischen Schweiz schlängelt. Nicht weniger schön, aber weitaus unbekannter ist die Paddeltour entlang der wilden Warnow in der Sternberger Seenlandschaft. Es gibt verschiedene Einstiegsmöglichkeiten und Streckenlängen, von einem Zwei-Stunden-Trip bis zur Tagespaddeltour.

← Paddeln, Plantschen, Toben – alles inmitten wunderbarer Natur. Die Flüsschen Warnow und Mildenitz machen's möglich

Was du aber unbedingt mitnehmen musst, ist das Durchbruchstal der Warnow und Mildenitz beim Dorf Klein Raden! Das Naturschutzgebiet ist noch ganz ursprünglich. Imposante Laubmischwälder prägen das enge Tal mit 40 m hohen Steilwänden, ein Relikt der Eiszeit. Hier mündet die Mildenitz in die Warnow. Wer das Kanu an der Holzbrücke festmacht, kann zu einer Slawenburg hinaufwandern. Ein guter Ausgangspunkt für eine vierstündige Tour (one way) ist der Kanuverleih *Biber-Kanu-Warnow* in Weitendorf. Wer nicht ganz zurückpaddeln will, kann sich am Wasserwanderrastplatz Eickhof abholen lassen.

Eine kürzere Option startet gleich in Eickhof. Hier kann man sich beim *Kanuverleih Naturdorf Eickhof* ein Kanu leihen und eine gute Stunde bis zum Durchbruchstal paddeln. Unterwegs kommt am Wasserwanderplatz Klein Raden eine herrliche Badestelle. Mittendrin hängt hier an einem Baum ein Tarzanseil: perfekt für einen Sprung in die Warnow. Aaaaahhhh uohuoh ouh-ouh!

INSIDER-TIPP
Greif die Liane!

3 **Biber-Kanu-Warnow • Hofplatz 10, 19412 Weitendorf • biber-kanu-warnow.de**

4 **Kanuverleih Naturdorf Eickhof • Dorfstr. 14, 18249 Eickhof • naturdorf-eickhof.de**

Gemeinsam statt einsam Das Fishing Open Air Festival

→ **Und abends dann noch ein bisschen Anglerlatein**

Angeln gehört an der Platte einfach dazu. Früh auf den See, den Lieblingsköder für den Zielfisch am Haken, treiben lassen. Was oft ein recht einsames Hobby ist, wird beim *Fishing Open Air Neu Canow* zum gemeinschaftlichen Kultevent. Auf dem Labus-, Klenz- und Gobenowsee, die alle miteinander verbunden sind, wird vom Boot, vom Kajak und von Flößen aus mehrere Septembertage lang geangelt – am Ufer bleibt niemand. Natürlich geht es auf Raubfische, denn sie sind die Herausforderung. Hecht, Zander und Barsche sind gern gesehene »Gäste« an der Angel. Jede Gruppe wird von einem erfahrenen Guide betreut, jeder hat so seine Tricks – mal klappt's, mal nicht. Aus ganz Deutschland reisen die Teilnehmer an, denn »die Stimmung ist einfach super«.

Noch wichtiger als der Anglerruhm sind jedoch die Gemeinschaft und das gemeinsame Grillen. Übernachtet wird in der Bungalowanlage Waldhaus Neu Canow, die Markus Upmann gehört. Der ist fischverliebt bis über beide Ohren, sogar sein Auto musste für eine Ganz-Karosserie-Hecht-Bemalung herhalten. Bei abendlichen Vorträgen von Profis kann jeder noch etwas dazulernen. Das Lagerfeuer zum Tagesabschluss ist beinahe schon legendär: gemeinsam abhängen, zur Gitarre singen, ein Bierchen oder zwei und über Gott und die Welt quatschen – zusammen sein, so wie früher, ohne Smartphone und digitale Zerstreuung.

5 **Fishing Open Air Neu Canow • Waldhaus Haus-Nr. 123, Bungalowsiedlung Neu Canow, 17255 Wustrow • waldhaus-neu-canow.de • Anmeldung unter info@angelschule-muensterland.com**

Such den Adler
Mit dem Ranger im Nationalpark

→ **Wo ist der Adler? Ein Fernglas leistet bei der Adlersafari wertvolle Dienste**

→ **Die Ranger erklären gerne alles, was man zu Flora und Fauna des Nationalparks wissen muss**

Eine Wanderung durch den Müritz-Nationalpark gehört einfach dazu. Die Stille der Natur, hier und da ein paar Vogelstimmen, Wasserplätschern – einfach schön. Was kreischt denn da und wo kommt das her? Leider keine Ahnung. Nach einer *Adlerwanderung im Müritz-Nationalpark* mit einem Nationalpark-Ranger weißt du Bescheid. Gemeinsam werden dabei die Nahrungsplätze von See- und Fischadler angesteuert.

Die Erfahrung macht's: Wer leise und aufmerksam durch den Park wandert, hört schon bald ein pfeifendes »ü-iilp« und wird vom Ranger auf ein Prachtexemplar hingewiesen. Dann plötzlich: Die Krallen sind wie die Beine eines Wasserskifahrers nach vorn gestreckt, die Flügel dicht am Körper. Voller Anspannung taucht der Fischadler ins Wasser ein und voller Spannung wartet das Auge am Fernglas – hat er ihn oder nicht? Fast nie verpasst der Adler seine Beute, und man freut sich mit ihm. Dann erhebt er sich aus dem Wasser – wow, diese Flügelspannweite von rund 1,75 m! – und bringt den noch zappelnden Fisch an einen sicheren Ort zum genüsslichen Verzehr.

Den braun gefiederten Seeadler sieht man seltener, aber wenn, hinterlässt er mit seinem spitzen, gelben Schnabel und Schwingen von fast 2,50 m bleibenden Eindruck. Ist ein abgehaktes »ak, ak, ak, ak« zu hören, ist der Adlerhorst nicht weit und die Vögel geben zu verstehen, dass sie nicht gestört werden möchten.

Ranger im Nationalpark wird man nicht einfach so. Alle sind gelernte Forstwirte, Biologen oder Geografen und haben darüber hinaus eine Fortbildung zum geprüften Natur- und Landschaftspfleger absolviert.

6 **Adlerwanderung im Müritz-Nationalpark • Start: Nationalpark-Info in Federow • nationalpark-service.de**

Naturschutz-
gebiet
Seeadler

Jenseits der Big 3
Arschbombe in einsame Seen

Arschbombe ins Wasser? Nichts ist erfrischender als das und die Top Drei der größten Badeseen – Müritz, Schweriner See und Plauer See – sind dafür beliebte Kandidaten. Aber du willst einsam baden und am liebsten ohne Klamotten? Wer es menschenleer mag, sucht sich abgelegene Badestellen – z. B. am *Weißen See* bei der Ortschaft Blankenberg. Unter schattigen Bäumen gehst du flach ins Wasser, schwimmst in den dunklen See hinein und lässt dich dann auf der kleinen Wiese von der Sonne trocknen. Vielleicht schaust du dabei ein bisschen neidisch auf die Hausbesitzer am Ufer – die Gärten erstrecken sich bis ans Wasser.

→ Gibt es für Wasserratten etwas Schöneres als an einem einsamen Ort ins Wasser zu springen?

Am *Settiner See* bei Göhren gibt es eine versteckt liegende Badestelle mitten im Wald. Zu Fuß sind es von Göhren 30 Minuten, man kann aber auch über einen Holperweg mit dem Auto hinfahren. Der große Holzsteg am See ist die perfekte »Liegewiese«. Auf der Uferseite ist das Wasser schön seicht zum Dauerdümpeln bei 30 °C, links ist es tiefer. Früher gab es hier einen Kiosk, Bootsverleih und sogar einen Bademeister. Heute kennen die Stelle nur noch die Einheimischen der umliegenden Dörfer. Trotzdem: zum Einsam-Nackig-Baden besser zeitig kommen.

Ab vom Schuss ist auch die *Badestelle Alt Rehse* am Tollensesee. Ein Feldweg führt zwar direkt ans Wasser, trotzdem ist man oft allein. Das Wasser ist klar, die Wiese groß. Flach und sandig geht es in den See, es gibt keinen Schnickschnack, aber auch kein Klo und keinen Kiosk. Am besten ein Picknick mitnehmen! Dafür gibt es ein paar Sitzbänke, Bäume für Schatten und sogar Mülleimer.

7 **Weißer See • 19417 Weiße Krug**

8 **Settiner See • 19089 Göhren**

9 **Badestelle Alt Rehse am Tollensesee • GPS: 53.495245, 13.184787 • 17217 Penzlin**

Literatur als Frischlufterlebnis Wandern mit Falladas Dachs

→ **Am Hans-Fallada-Museum startet die Fridolin-Wanderung**

→ **Pause gefällig? Die Badestelle Ziegenwiese ist ideal dafür – Weiterwandern nicht vergessen**

Die fantastische Villa von Rudolf Ditzen aka Hans Fallada (1893–1947) ist ein Pilgerort für Literaturfans und heute das *Hans-Fallada-Museum*. Mit Werken wie »Kleiner Mann, was nun?« (1932) traf Fallada den damaligen Zeitgeist und wurde als Schriftsteller so bekannt, dass er sich das Gut in Carwitz kaufen konnte und von Berlin aufs Land zog. Hier wollte er Ruhe finden und glücklich sein.

Wann immer Zeit war, durchstreifte er mit seinen drei Kindern die herrliche Landschaft, die ihn zu mehreren Kinderbüchern inspirierte. Eines davon war »Fridolin, der freche Dachs«. Der wandert durch die Gegend um das kleine Fischerdorf und erlebt dabei manches Abenteuer. Wenn du das schöne Wetter also nicht im Museum verbringen möchtest, dann wander doch auf den Spuren von Fridolin. Falladas »Fridolin-Wanderung« ist ausgeschildert – ein Streifzug durch die schönsten Ecken rund um Carwitz. Von der Dorfmitte, vorbei an der Ziegelkirche, geht es ans Ufer des Schmalen Luzin – mit seinem Türkisblau und der Top-Wasserqualität der schönste See der Feldberger Seenlandschaft. Ein uriger Uferweg führt unter alten Buchen und Eichen am Wasser entlang. Die Badestelle Ziegenwiese ist traumhaft für eine Pause, bevor der Pfad weiter zur Luzinfähre verläuft. Hier kannst du etwas essen, bevor dich Fährmann Tom mit einer handbetriebenen Seilfähre ans andere Ufer bringt. Nun geht es durch einen alten Wald, vorbei an der Schäferei Hullerbusch, dem Kesselmoor und dem Aussichtspunkt am Hauptmannsberg, wieder zurück nach Carwitz.

INSIDER-TIPP
Dachs to go

Das Buch zur Wanderung gibt es übrigens in der Fallada-Villa.

Das mit dem Glücklichsein schaffte Fallada auch im Carwitz-Idyll nicht so ganz: Er trank zu viel Alkohol und fing etwas mit seiner Haushälterin an. Aber das ist eine andere Geschichte.

10 **Hans-Fallada-Museum • Zum Bohnenwerder 2, 17258 Feldberger Seenlandschaft • fallada.de**

Klassiker erschummelt Wie der Matjes auf den Hecht kam

Fischers Fritz fischt frische Fische, hier an den glasklaren Seen um Feldberg, das steht außer Frage. Saibling geräuchert, Karpfen blau, Wels gekocht und Hecht gebraten – alles lecker, doch das liebste Fischgericht der Deutschen ist nun mal Matjes. Aber Heringe beißen an der Seenplatte nicht. Bis zu den kühlen Fluten der Ostsee sind es immerhin noch 120 km.

Einem findigen Fischer aus der Region kam da eine geniale Idee. Warum nicht mal Hecht wie Matjes-Hering zubereiten? Gesagt, getan. Matjes-Heringe sind fette, noch nicht zeugungsfähige Heringe, die in milder Salzlake mariniert werden und so einen feinen Geschmack und zarte Konsistenz entwickeln. Die körpereigenen Enzyme spielen bei der Reifung eine entscheidende Rolle. Das Filet zergeht förmlich auf der Zunge. Vor allem in der Feldberger Seenlandschaft werden die besten Stücke vom Hecht genau nach dieser Machart zubereitet – besonders lecker z. B. bei *Juhl's* in Carwitz oder im *Alten Zollhaus* direkt in Feldberg.

Hechte stehen in den Seen der Region reichlich. Man kann sie sogar vom Ufer aus erspähen. Bis zu 28 kg schwere Brummer wurden hier schon gefangen. Wie die Fischer den Hecht ganz im Detail nach Matjesart zaubern, bleibt natürlich ein wohl gehütetes Berufsgeheimnis. Doch wozu hilft das Wissen darüber? Ihn einfach zu genießen, je nach Saison, ist viel besser!

← Im Alten Zollhaus gibt es echten falschen Matjes direkt am Wasser

← Aber auch im Juhl's gilt: lecker, lecker, lecker …

11 **Juhl's • Carwitzer Str. 66, 17258 Carwitz • juhl-carwitz.de**

12 **Altes Zollhaus • Erddamm 31, 17258 Feldberg • romantik-am-see.de**

Schloss backstage
Vom Keller bis zur Kuppel

Schlösserhopping gehört zu den Must-Do's an der Seenplatte, denn viele Herzöge haben in der erholsamen Landschaft ihre Lust- und Jagdanlagen gebaut. Meist kannst du jedoch nur den angrenzenden Park durchstreifen oder im betuchten Schlossrestaurant essen gehen, um einen Blick ins Innere zu erhaschen. Doch wo kann man schon in einem Schloss unten anfangen und oben aufhören? In Schwerin! Die Erlebnisführung »Vom Keller bis zur Kuppel« durch das *Schloss Schwerin* läuft genau so ab. Los geht es in den Gewölben, wo sich Reste der alten Slawenburg vermuten lassen, die hier vor 1000 Jahren stand. Dann geht es hinauf

↓ Der »Höhepunkt« am Schluss: die Türmchen und Kuppeln des Schweriner Schlosses

in die oberen Etagen und durch die Prunksäle der Großherzöge samt Einblick in ihre edle Porzellan- und Silbersammlung. Unter der gläsernen Kuppel wird es schließlich lokalpolitisch, denn hier tagt der Landtag – definitiv der Schönste in ganz Deutschland. Zum Abschluss der Ausblick von der Dachterrasse und vom Turm über Schwerin – grandios.

Nach der Erkundung innen solltest du dir auf jeden Fall einen ausgedehnten Spaziergang durch den traumhaften Schlosspark gönnen. Hier gibt es nicht nur romantische Ecken und schöne Pflanzen, sondern auch eine riesige Kastanie, die im Herbst jede Menge abwirft. Wow! Als Vorbild diente übrigens Schloss Chambord im französischen Loire-Tal. Deshalb ließ man auch in Schwerin halbrunde Erker, Türmchen und eine Schlossbrücke bauen.

Für die Führung musst du dich in der Tourist-Info (Am Markt 14) voranmelden. Den Personalausweis nicht vergessen! Treffpunkt ist am Eingang zum Schlossmuseum beim Gartenportal.

13 **Schloss Schwerin • Lennéstr. 1, 19053, Schwerin • mv-schloesser.de/schwerin**

Stadtrundgang 2.0 Geocaching durch Neubrandenburg

→ **Auf geht's zur digitalen Schnitzeljagd durch Neubrandenburg! App installieren – und los!**

Stadtrundgang war gestern. Heute ist Geocaching angesagt. Die Jagd nach versteckten Schätzen und besonderen Orten ist viel aufregender – und ganz nebenbei lernt man neue Orte kennen oder entdeckt neue Aspekte dessen, was man glaubte, schon längst zu kennen. Du brauchst nur ein Smartphone mit entsprechender App und los geht's: Raus an die frische Luft! Jetzt gilt es knifflige Rätsel zu lösen, aufmerksam Spuren zu lesen, Codes zu entschlüsseln und geheime Orte zu finden.

Auch in und um *Neubrandenburg* sind einige Caches versteckt. Ein ganz besonderer ist der Historische Stadtrundgang. Er beginnt am Marktplatz am Stadtmodell von Neubrandenburg und führt in Form von Bilderrätseln zu verschiedenen Caches in der historischen Altstadt, etwa zum Franziskanerkloster, dem Fangelturm oder zum Fritz-Reuter-Haus. Dabei erfährst du nicht nur Spannendes zur Stadtgeschichte, sondern entdeckst auch ungewöhnliche Orte und Aspekte, die dir beim üblichen Tourispaziergang wohl eher nicht aufgefallen wären. An den einzelnen Stationen gibt es Einzelrätsel zu lösen, die am Schluss zum großen Finale führen: das Auffinden einer versteckten Dose. Ganz wichtig ist, sich vorher die Fotocollage auszudrucken und mitzunehmen, damit die Sehenswürdigkeiten richtig zugeordnet werden können. Ist das Rätsel gelöst, trägst du dich in das vor Ort liegende Logbuch ein und kannst dir auf die Schulter klopfen. Der Stadtrundgang ist 3,5 km lang und dauert ca. eine bis zwei Stunden. Blut geleckt? Weitere Caches warten schon!

14 **Geocaching Neubrandenburg • Marktplatz in Neubrandenburg • geocaching.com**

Geocaching
Google
Historischer
historic city walk

DOKUMENTATIONSZENTRUM DES LANDES FÜR DIE OPFER DER DIKTATUREN IN D

Hinter der Idylle
Die andere Seite der Seenplatte

← Das ehemalige Stasigefängnis in Schwerin: graue Tristesse und beklemmende Atmosphäre

Glitzernde Seen, schöne Schlösschen: Die Seenplatte strotzt vor idyllischer Flecken. Es gibt aber auch unbequeme Orte, die an eine traurige Vergangenheit erinnern. Solch ein Ort ist das ehemalige Stasigefängnis in Schwerin. Mit seinen engen dunklen Zellen und den langen einsamen Fluren ist es heute ein Erinnerungsort. Der Bau hatte von Anbeginn eine bewegte Geschichte, war NS-Justizanstalt und sowjetisches Untersuchungsgefängnis. Als Stasigefängnis war es für Folter, stundenlange Nachtverhöre und erbarmungslose Haftbedingungen bekannt. Nun sind die kleinen Gefängniszellen Ausstellungsräume samt informativen Hörstationen. Es ist zugleich beeindruckend und beklemmend, durch den verwinkelten Zellentrakt des heutigen *Dokumentationszentrums Schwerin* zu laufen, in dem so viel Grausames geschah.

Wir beamen uns nach Neustrelitz. Am Rande der Stadt steht einsam ein riesiges, verfallenes Gebäude – die *ehemalige Landesirrenanstalt Dömjüch*. Hier wurden zur Zeit des Nationalsozialismus Zwangssterilisationen durchgeführt, für einige Insassen war es außerdem die Durchgangsstation zur Tötungsanstalt Bernburg. Heute ist die Anstalt ein Lost Place und bietet ein paar spannende Fotospots: eine verfallene Steintreppe oder kunstvoll geschnitzte Holzpfeiler, von denen die Farbe abblättert. Ein verwunschener Platz, dem der Verein zum Erhalt der Domjüch neues, positives Leben einhaucht – durch Events wie Bandcontests, Vorträge und Feste. Jeden Sommersonntag von 14 bis 17 Uhr gibt es Kaffee und Kuchen und ab 14.30 Uhr Führungen durch das Gebäude.

15 **Dokumentationszentrum Schwerin • Obotritenring 106, 19053 Schwerin • dokumentationszentrum-schwerin.de**

16 **Ehemalige Landesirrenanstalt Dömjüch • Am Domjüchsee 1, 17235 Neustrelitz • domjuechsee.eu**

Hat da jemand »Essen« gesagt? Na klar! Aber nur das leckerste und nur in der schönsten Umgebung. Geh auf Foodietour, zu gesunden Torten und kleinen Fischen, rühre selbst im Käsekessel, schau zu, wie der Hecht raucht. Und zum Abschluss ein Bier- oder Meerretticheis?

Die Leckerbissen

Verführerisches von süß bis deftig

Sterneküche aus dem Lehrerzimmer Essen in der Alten Schule

← So macht Schule Spaß! Statt Vokabeln pauken zu müssen, gibt's ein leckeres Essen aus der Küche von Daniel Schmidthaler

Man muss nicht still sitzen, muss sich nicht melden und darf sogar plappern. Nur zu spät kommen sollte man auch hier auch nicht. Grund dafür ist der neue Direx: Seit 2010 steht Daniel Schmidthaler der Schule vor und erfüllt den Bildungsauftrag auf seine ganz eigene Art und Weise. Der renommierte »Meisterkoch der Region« – ein Titel, den Schmidthaler mit Stolz trägt – hat dem alten Ziegelgebäude neues Leben eingehaucht und ein feines Restaurant eröffnet. So wird ein Besuch der *Alten Schule in Fürstenhagen* zum kulinarischen Erlebnis. In der Küche, dem ehemaligen Lehrerzimmer, wird bodenständig gekocht und Wert auf regionale und saisonale Zutaten gelegt. Umweltbewusst, gesund und nachhaltig. In den Töpfen landet nur, was in heimischen Wäldern und Seen heranwächst und die Natur gerade so auf Vorrat hat. Was der Schulgarten nicht hergibt, lässt sich der Koch von heimischen Produzenten liefern: Ziegenkäse vom »Capriolenhof« oder Wildkräuter und alte Wurzelsorten vom Gärtnerhof »Guter Heinrich«.

Für die innovative Küche wurde Schmidthaler und seinem kleinen Küchenteam 2012 sogar ein Michelin-Stern verliehen. Statt Pausenbrot gibt es nun gebeizte Edelmaräne mit Wildkräutern und Gartengemüse oder feines Mousse au Chocolat auf heimischen Fichtennadeln. Es werden Menüs mit vier bis neun Gängen angeboten, die Preise beginnen bei 59 Euro. Wer länger bleiben möchte, kann im angeschlossenen Internat herrlich übernachten. Ein Zuhause für Feinschmecker.

1 **Alte Schule Fürstenhagen • Zur Alten Schule 5, 17258 Fürstenhagen • www.restaurant-alteschule.com**

Storch im Glas und Alphorn am See In einer Minibrauerei

→ **Wenn Henning Storch gerade nicht braut, bläst er gerne ins Alphorn**

Schwarz-Storch schmeckt gar nicht so schlecht. Hopfenbetont mit Nuancen von Kaffee und Kakao. Dabei handelt es sich natürlich nicht um die akut gefährdete Restpopulation der Schwarzstörche in Mecklenburg-Vorpommern, sondern um eines der Craftbiere aus der Mikrobrauerei von Henning Storch in Lychen. Der Einmannbetrieb verarbeitet zur Herstellung des flüssigen Brotes nur Zutaten in Bio-Qualität. Vier Störche werden in der *Storch-Bier Brauerei* derzeit angeboten: der Schwarze, der Helle, der Rote und der Dunkle Storch. Alle noch in der Entwicklung. Denn Bierbrauen ist ein lebendiger, dynamischer Prozess. Kein Sud gleicht dem Nächsten. Das Ergebnis ist stets naturbelassen und enthält keine Zusatzstoffe. Inhaber Henning übernimmt vom Schroten, Maischen und Läutern über das Abfüllen und Etikettieren bis hin zu Beratung und Verkauf jede Funktion. Die Störche gibt es im Hofladen in der bauchigen Flasche zum Mitnehmen. Das Etikett: ein Notenschlüssel mit Storchenkopf. Vor Ort kannst du im Mini-Biergarten vom Fass verkosten. Unter Holzstörchen und in ungezwungener Atmosphäre kommt man schnell mit Henning ins Gespräch, ein Künstlertyp, der neben dem Bierbrauen auch gern das Alphorn am Ufer des Zenssees bläst, das Echo hier sei phänomenal. Allerdings hat sein Hofladen keine festen Öffnungszeiten. Am besten kurz vor dem Besuch anrufen.

Jetzt noch ein bekanntes Bier der Region zum Vergleich? Dann fahr doch mal zur *Lübzer Brauerei*. Hier lässt sich der Braumeister bei einer seiner Führungen auch über die Schulter schauen.

2 **Storch-Bier Brauerei • Rutenberger Str. 1, 17279 Lychen • storch-bier.de**

3 **Lübzer Brauerei • Eisenbeissstr. 1, 19386 Lübz • luebzer.de • Tour nach Anmeldungen**

Frisch aus dem Netz
Futter dich durchs Fisch Kauf Haus

→ **Frische ist im Fisch Kauf Haus oberstes Gebot: Morgens gefangen, mittags schon im Verkauf**

Das Kaufhaus in Waren samt gekühltem Verkaufsraum ist nicht nur an heißen Sommertagen einen Besuch wert. Betritt man die Räumlichkeiten, riecht man sofort, worum es hier geht: Klar, um Fisch. Fisch in all seinen Zubereitungsarten. Mit dem *Fisch Kauf Haus* haben die Müritzfischer einen geeigneten Weg gefunden, ihre Fänge direkt an den Kunden zu bringen. Als Fischerei Müritz-Plau GmbH, der größte deutsche Binnenfischereibetrieb, arbeiten sie eng mit den Fischern und Fischerhöfen der Umgebung zusammen und setzen sich für eine nachhaltige Bewirtschaftung der Seen, die Sicherung des Bestands und Vermeidung von Überfischung ein.

Was früh morgens noch in den Netzen zappelte, liegt nachmittags schon in der Verkaufstheke. Aal, Karpfen, Wels und Maräne sind nur einige Vertreter. Ob als frisches Filet, geräuchert oder sogar als Salat. Ob tief gefroren oder sauer eingelegt. Der Vielfalt sind kaum Grenzen gesetzt. Auch die hausgemachten Fonds, Suppen und Eintöpfe sind erstklassig. Es macht Spaß, die Regale zu durchforsten und sich fachkundig beraten zu lassen. Und wen der Appetit überkommt, der kann gleich vor Ort ein frisch belegtes Fischbrötchen mit geräuchertem Welsfilet oder Barsch vertilgen. Die Qualität der hier verkauften Fischspezialitäten hat sich schnell herumgesprochen und so manch einer reist von Weitem an, um hier den Fisch für die Woche zu shoppen.

INSIDER-TIPP
Fisch auf Reisen

Wer zu Hause wieder einmal Sehnsucht nach Müritz-Fisch hat, kann ihn sogar online kaufen. Er wird innerhalb von 24 Stunden per Express geliefert.

4 Fisch Kauf Haus • Eldenholz 42, 17192 Waren • fischkaufhaus.de

Meditatives Kesselrühren Beim Käseworkshop in der Schafscheune

Gut 90 Ostfriesische Milchschafe bewohnen mittlerweile die Schafscheune in Vietschow in der Mecklenburgischen Schweiz. Zwei Quereinsteiger in puncto Schafe haben sich 2010 des alten Hofs angenommen, der an der Mecklenburger Milch- und Käsestraße liegt, und ihren Traum verwirklicht. Die umliegenden Weideflächen bieten beste Bedingungen für gesundes Futter, artgerechte Viehhaltung und die Erzeugung qualitativ hochwertiger Produkte. Gemolken wird in der *Schafscheune* zweimal täglich. Aus der frischen Schafmilch wird in der Hofkäserei Käse gemacht.

Willst du nicht nur Käse kaufen und genießen, kannst du in der Hofkäseschule die Schulbank drücken und alles über das Käsen lernen. Unter fachkundiger Anleitung werden in regelmäßigen Workshops alle Arbeitsschritte genauestens erklärt, man arbeitet immer zu zweit an seinem »eigenen« Käsekessel. Ein Faible fürs Umrühren gehört zu den Grundvoraussetzungen, damit der Käse gelingt, der anschließend mit nach Hause reisen darf.

In einer Käse-Pause führt die Käserin durch den Stall sowie die Melkanlage und stellt die Tiere vor. So, und jetzt kommt der schönste Teil, die Verkostung: ob Schafbert, ein cremiger Camembert, oder Gartenschaf, ein Frischkäse mit Kräutern aus dem Hofgarten – sie schmecken alle super. Drei bis vier Stunden dauert der Workshop, 42 Euro pro Nase kostet der Spaß. Wer weiter shoppen will: Das schwarze Schaf steht hier nicht auf der Weide, sondern liegt als Käse in der Theke direkt neben der Bunten Bärbel, einem Käse mit Blüten und Kräutern.

← Ostfriesische Milchschafe liefern die Milch für die Käseproduktion der Schafscheune Vietschow

5 Schafscheune Vietschow • Ringstr. 28, 17168 Vietschow • schafscheune.de

Zum Kuchen pilgern
Die Top-Cafés der Seenplatte

→ **Die Kuchen und Torten im Café Sommerliebe sind einfach sagenhaft lecker**

Was gibt es Schöneres als sich nach einem Ausflug zu dampfendem Kaffee und frisch gebackenem Kuchen niederzulassen und einfach zu genießen? An der Seenplatte findet man viele tolle Cafés, die für Schleckermäuler regelrechte Pilgerziele sind, so schön ist die Atmosphäre und lecker das Angebot.

Ein echtes Schmuckstück ist das *Atelier Café* bei Klink, eine einmalige Kombi aus Galerie und Café. Inhaberin Marietta Cremer ist Keramikerin und Produktdesignerin. Das sieht man. Die Scheunen-Gaststube hat kuschelige Sitzecken und ist liebevoll dekoriert. Auch der Garten ist außergewöhnlich, hier schmeckt der Kuchen zwischen übergroßen Fischskulpturen und Pusteblumen. Zum künstlerischen Ambiente passen die besonderen Kaffeekreationen, wie der Pharisäer – schwarzer Kaffee mit Rum und Schlagsahne. Nebenbei kannst du im Galerieladen stöbern und ein künstlerisches Mitbringsel für zu Hause aussuchen.

INSIDER-TIPP
Königin der Torten

Wer in der Feldberger Seenlandschaft unterwegs ist, hat vielleicht schon vom *Café Sommerliebe* gehört, sein Ruf eilt ihm voraus. Der Eiskaffee – ein Traum. Die köstlichste Mango-Mohn-Torte der Welt – zum Dahinschmelzen. Schon vor der Öffnungszeit versammeln sich die ersten Gäste vor dem blühenden Sommergarten, um die besten Plätze zu ergattern und noch die komplette Auswahl am Tortenbuffet zu haben. Bis zu zehn Kuchensorten werden auf der großen Schiefertafel angepriesen. Zum Feierabend um 18 Uhr ist fast alles durchgestrichen. Kinder lieben es, auf dem großen Holzpferd »a là Troja« über die Wiese zu »reiten« und in der Kinderküche ihre eigenen Torten zu kreieren.

6 **Atelier Café • Dorfanger 7 a, 17192 Sembzin • atelier-cafe-mueritz.de**

7 **Café Sommerliebe • Carwitzer Str. 37, 17258 Carwitz • cafe-sommerliebe.9gg.de**

Warum den Kopf in den Sand stecken?

Dem Strauß auf der Spur

→ »Hallo, wer bist du denn?«

→ Von Straußenei bis Nachttischlampe – gibt's alles im Hofladen

Keine Angst vor großen Vögeln! Auf dem *Straußenhof der Familie Brandt* in Vipperow erfährst du alles über diesen großen, schnellen, aber flugunfähigen Vogel und dessen Aufzucht. Bis zu 130 kg bringen die Tiere auf die Waage, bis zu 70 km/h schnell können sie rennen. Die Hennen legen von März bis September alle zwei Tage ein Ei. Jedes wiegt stattliche 1200 bis 1600 g – und entspricht damit ca. zwei bis drei Packungen mit Hühnereiern. Richtig gelesen: zwei bis drei Packungen! Mit 25 Euro pro Ei ist der Genuss zwar recht kostspielig, dafür mal was anderes.

Für Kinder ist der Besuch eine große Gaudi. Gegen kleines Entgelt gibt es Futter für die immer hungrigen Zweibeiner zu kaufen. Aber Vorsicht, es zwickt ein bisschen, wenn der Schnabel das Futter von der ausgestreckten Handfläche pickt.

Im gemütlichen Hofladen warten viele interessante Produkte, die Vogel Strauß so hervorbringt. Neben frischen Straußeneiern gibt es auch Eiernudeln und Eierlikör. Aus den kräftigen Schalen werden Dekosachen und originelle Nachttischlampen gefertigt. Und die zu Wedeln gebündelten Straußenfedern vollbringen im Haushalt wahre Wunder.

INSIDER-TIPP
Strauß gegrillt

Aus dem zarten und fettarmen Fleisch lassen sich frische und geräucherte Wurstwaren herstellen. Die Bratwürste sind besonders speziell. Außen schön knackig und innen seltsam fein. Tipps zum richtigen Grillen gibt es direkt vom Inhaber dazu. Und bei einer Tasse heißen Kaffee und einer Portion Eierlikörkuchen aus dem Glas erfährt man auch, ob der Strauß wirklich den Kopf in den Sand steckt.

8 **Straußenhof Brandt • Heide 3, 17207 Südmüritz, OT Vipperow • straussenhof-brandt.de**

OME
sweet
HOME

Hochgestapelte Leckereien Stöbern auf dem Bauernmarkt

→ **Die Qual der Wahl: Die Vielfalt im Müritzer Bauernmarkt ist nichts für Entscheidungsschwache**

Am Rand der Ortschaft Klink steht ein riesiger Food-Tempel, der 2009 aus dem Sandboden gestampft wurde. Käse-, Wurst- und Fleischspezialitäten, hausgemachte Nudeln und spannende Marmeladen-Kombis, Sanddornhonig, Müritz-Gin und Tees aus heimischen Kräutern übertrumpfen sich in den langen Regalreihen gegenseitig. Die Müritzregion bringt viele landwirtschaftliche Produkte hervor, die im *Kells – Müritzer Bauernmarkt* ihre Abnehmer finden. Jahr für Jahr wurde die Palette erweitert, Landwirte fragten an, ob ihre Erzeugnisse ins Sortiment passen.

Vor allem für kulinarische Entdecker hat der Markt ein paar Leckerbissen in petto. Neben Feigenessig, Bärlauch-Basilikum-Öl oder dem Kräuterschnaps Mürli gibt es würzige Dips und knuspriges Holzofenbrot – das kann man probieren und will gar nicht mehr aufhören mit Naschen. In der Konditorei samt gemütlichem Café mit Müritzblick kann man sich vom Können der Zuckerbäcker überzeugen. Die Auswahl an Torten und süßem Gebäck ist riesig. Vor allem die bekannte Jensentorte hat es in sich. Nicht nur in puncto Kalorien: Biskuitboden, Stachelbeeren, Baiser, getoppt mit ein paar Mandelblättern. Meist bleibt es nicht bei einem Stück.

Auch das Restaurant hat eine tolle Auswahl, vom Schmalzbrot mit Gewürzgurke bis zum Wildgulasch aus dem Wald vor der Tür. Wer ein Mitbringsel braucht, findet Kunsthandwerk, Literatur und Souvenirs. Letztere neigen allerdings oft zum Kitsch, was ein Wermutstropfen im Angebot ist. Auf jeden Fall gibt es viel zu gucken – bei Regenwetter eine super Option.

9 Kells – Müritzer Bauernmarkt • Hafenstr. 3, 17192 Klink • kells.de

BE REASONABLE
DO IT MY WAY

handgemachtes
EIS
✓ natürlich
✓ ohne Firlefanz
✓ Regional
✓ auch vegan,
Gluten- & Laktosefrei

Meerrettich in der Waffel Gewagte Eisexperimente

Vanille-, Schoko-, Erdbeereis – puh, klingt irgendwie langweilig. Doch hier kann geholfen werden – denn einige Eisdielen in der Seenplatte gehen sehr experimentierfreudig ans Werk.

In der *MoccaMilchEisbar* in Boitzenburg nahe der Feldberger Seenlandschaft bist du umgeben von Ostalgie-Charme. Außergewöhnliche Eissorten werden auf Eiswaffeln in Muschelform à la DDR serviert. Du hast die Wahl zwischen Sahne-Grieß, Heidelbeer-Basilikum oder sogar Meerrettich. Okay, wenn es dann doch ganz klassisch Vanille sein soll, geht das auch. Natürlich sind alle Sorten hausgemacht.

Noch nicht genug? Mittendrin in der Platte, im kleinen Röbel, findest du das *Eisparadies*. Mehr als 60 Geschmacksrichtungen wurden seit 1997 ausprobiert. Viele gingen, die besten blieben. So auch das Ziegenmilcheis, eine Hommage an den Ziegenmarkt samt bronzenen Ziegenskulpturen, an dem das Eisparadies liegt.

So, und jetzt wird's richtig abgefahren. Der dritte Tipp führt nach Penzlin. Das Start-Up *Jackle & Heidi* ist ein echter Senkrechtstarter am Eishimmel. Ob Wacholder-Basilikum, Avocado-Kokos oder einfach mal ein Hanfeis. Oder Bier für Vati – warum auch nicht? Himmlisch gut sind alle Sorten.

← Ganz schön experimentierfreudig: Eiskreationen von Jackle & Heidi

10 **MoccaMilchEisbar • August-Bebel-Str. 31, 17268 Boitzenburg • moccamilcheis.de**

11 **Eisparadies • Straße des Friedens 3, 17207 Röbel • eisparadies-roebel.de**

12 **Jackle & Heidi • Bahnhofsplatz 2, 17217 Penzlin • jackle-heidi.com**

Maränen
Caviar
aus der Müritz
die Müritzfischer

Maränenvariationen
Manchmal muss es Kaviar sein

← Ob als Kaviar oder gebraten – die Maräne ist einfach lecker!

Wer an der Mecklenburgischen Seenplatte unterwegs ist, darf nicht vergessen, diese schwimmende Delikatesse zu genießen. In den fischreichen Gewässern tummelt sich neben den altbekannten Arten – Hecht, Karpfen und Wels – die Maräne. Die kleinen bis mittelgroßen Fische sind über mehrere Ecken mit dem Lachs verwandt und einfach lecker. Die 20 bis 25 cm langen Exemplare der Kleinen Maräne, ein Schwarmfisch, werden goldbraun geräuchert, sauer eingelegt oder paniert und meist im Ganzen vertilgt, dank nicht vorhandener Zwischengräten.

Eine saisonale Delikatesse ist der Kaviar von der Kleinen Maräne. Im Dezember, zur Laichzeit, wird den Weibchen der gold-orangefarbene Rogen entnommen, um die Maränenbestände durch künstliche Befruchtung zu schützen. Nur ein kleiner Teil wird zu Kaviar verarbeitet. Und nur im Dezember kann man Maränen-Kaviar, feine Perlen mit nussigem Aroma, in den Fischläden der Region kaufen. Beispielsweise beim *Müritzfischer* in Waren.

INSIDER-TIPP
Edle Winterspezialität

Die Große Maräne hingegen ist ein klassischer Einzelgänger. In der Pfanne landen meist die Filets. Besonders originell, jedoch selten zu finden, ist die Zubereitung im Ganzen, wie im Restaurant *Altes Reusenhus* in Waren. Dazu wird die Maräne in einer Salzkruste im Ofen gebacken. Meerrettichschaum, gedünstetes Gemüse und Bratkartoffeln schmecken bestens dazu. Übrigens: Wer das silbrige Relikt aus der Eiszeit in Aktion sehen möchte, besucht das Müritzeum in der Nähe. Hier gibt es ein großes Maränen-Aquarium.

13 **Müritzfischer • Eldenholz 42, 17192 Waren • mueritzfischer.de**

14 **Altes Reusenhus • Schulstr. 7, 17192 Waren • reusenhus.de**

Frisch gerupft schmeckt's am besten
Auf Kräuterexpedition

Ein Rezept für den Luplower Kräutersalat gibt es nicht. Noch nicht. Vielmehr ist es eine sinnbildliche Anlehnung an die fantastische Welt der Kräuter, erzählt Jana Schäfer, gelernte Kräuterpädagogin und Inhaberin des Kräuterineums in Luplow. Der schlossparkähnliche *Luplower Kräutergarten* beherbergt auf 1700 m² mehr als Basilikum und Salbei. Süßdolde und Ysop sind nur zwei weitere der rund 180 Kräuterarten.

Mindestens einmal im Monat duftet es verführerisch aus dem Kräuterhäuschen im Schaugarten. Dann ist wieder Kräuterzaubertermin und die Gastgeberin kocht mit bis zu acht Gästen ein

↓ **Und welches Kraut blüht hier?**

mecklenburgisch-mediterranes Menü mit vier Gängen. Von vegetarisch über vegan bis supergesund, aber auch fleischlastig ist alles dabei. Klassische Erzeugnisse der heimischen Küche werden von ihr neu verarbeitet und frech kombiniert. Die Kräuter für das exklusive Menü werden natürlich vorab von den Gästen im Kräutergarten geerntet. Der Kochabend samt Speisen kostet 30 Euro pro Person, Kräuterwasser inklusive.

Wenn du tiefer in die Materie einsteigen willst, hilft eine Kräuterwanderung. Was ist Labkraut? Ist gelb blühender Löwenzahn genießbar? Fragen auf die Bianca Zillmann und Beate Krasnowski von der *Kräuterinsel Wredenhagen* eine Antwort wissen. Sie nehmen dich mit auf eine Reise durch die wundersame Welt der heimischen Kräuter. Ausgestattet mit Körbchen, Lupe und wetterfester Kleidung geht es in die Natur. Die Wanderung dauert ungefähr zwei Stunden und kostet 25 Euro.

15 **Luplower Kräutergarten • Voßfelder Str. 35, 17091 Luplow • kraeutersalat.de**

16 **Kräuterinsel Wredenhagen • Dorfstr. 8, 17209 Wredenhagen • kraeuterinsel-wredenhagen.de**

HAUS
LICHTEN
HAIN

Dem Himmel sei Dank Stöbern und shoppen im Kloster

Himmlische Stille. Ein Bummel um die imposanten Gemäuer der alten Kloster- und Schlossanlage in Dargun in der Mecklenburgischen Schweiz ist für Ruhesuchende ein Geschenk.

Keinesfalls sollte dabei aber ein abschließender Besuch im *Klosterladen Dargun* fehlen. Beim Betreten der hohen Räumlichkeiten umströmt ein süßer, lieblicher Duft die Nase. Dies liegt vor allem an der weitgefächerten Auswahl hochprozentiger Getränke. Neben verschiedenen Fruchtlikören werden hier auch Obstschnäpse und ein feiner Gin gebrannt.

Familie Hartwig betreibt seit vielen Jahren den Klosterladen in den Räumen der ehemaligen Klosterbrauerei. Dänische Zisterziensermönche brachten einst die Braukunst nach Lübz. Die Mönche gingen, die Braukunst blieb. Regionale Spezialitäten, Handgemachtes, Naturprodukte und Allerlei für das leibliche und seelische Wohl erwarten den Besucher. Ob Honig, Essig, Öl, Salze und Senf – hier ist für jeden was dabei. Eine Spezialität des Hauses ist die Darguner Sauce, eine Mischung aus Rotwein, Balsamico und dem geheimen Etwas. Handgesiedete Seifen, handgefertigte Keramik und Kerzen ergänzen das Angebot und laden zum Stöbern ein.

Im rustikalen Ambiente des alten Kornspeichers finden auch spontane Verkostungen statt. Der Klostervogt persönlich serviert dir dann regionale Köstlichkeiten und weiß die eine oder andere Geschichte aus der bewegten Vergangenheit des Klosters zu erzählen. Auch wer nur eine Tasse Kaffee und ein Stück Kuchen genießen möchte, ist hier herzlich willkommen. Der Klosterladen ist täglich von 10 bis 12 Uhr und 14 bis 16 Uhr geöffnet.

← Shoppen in klösterlichem Flair

INSIDER-TIPP
Sauce mit Geheimzutat

17 **Klosterladen Dargun • Schloß 7, 17159 Dargun • klosterladen-dargun.de**

Vitaminbombe deluxe
Sanddorn naschen in Ludwigslust

→ **Superfood in Kuchenform gibt's im Ludwigsluster Schlosscafé**

Ein Rätsel: Es gibt sie als Brotaufstrich, Likör und Saft, als Tee, Seife und Kernöl. Erraten? Die Rede ist von der Sanddornbeere. Der stachlige Busch wächst gut auf den sandigen Böden der Seenplatte, die die Eiszeit hinterlassen hat. Wie das aussieht, kannst du auf Deutschlands ältester Sanddornplantage der Gärtnerei *Storchennest in Ludwigslust* sehen – 120 ha groß und vom Bio-Label Demeter zertifiziert. Dazu meldest du dich einfach über die Webseite zu einer Führung an. Mitarbeiter erklären, wie die Ernte der reifen Powerbeeren von den dornigen Zweigen funktioniert. Danach kannst du dich im Hofladen der Gärtnerei mit diversen Sanddornprodukten eindecken: Sanddornbonbons oder Sanddorngummibärchen – du hast die Wahl.

Eine ganz eigene Kreation gibt es im Vorort Kummer, nur 8 km vom Zentrum Ludwigslusts entfernt. In der *Goldschmidt Frischkäse GmbH* wird der Sanddorn vom Storchennest zu Frischkäsepralinen verarbeitet. Die cremeweißen Häubchen aus belgischer Schokolade und der zartorangefarbenen Käsefüllung im Werksverkauf angeboten.

Naschkatzen können nach all den Sanddornabenteuern im *Ludwigsluster Schlosscafé* bei einem Kaffee und einem dicken Stück Sanddorntorte entspannen. Da das Wildobst siebenmal mehr Vitamin C als Zitrone hat, geht das ganz ohne schlechtes Gewissen.

18 **Storchennest Ludwigslust e. G. • Friedrich-Naumann-Allee 26, 19288 Ludwigslust • sanddorn-storchennest.de**

19 **Goldschmidt Frischkäse GmbH • Karl-Marx-Str. 4, 19288 Ludwigslust • frischkaese.de**

20 **Ludwigsluster Schlosscafé • Schloßfreiheit, 19288 Ludwigslust • ludwigslust.de**

Wenn der Hecht raucht In der Räucherschule in Metow

→ **In der Räucherschule Metow: erst lernen, dann genießen**

Wenn Remo Block und sein Küchenchef nach zwei Stunden des Wartens den Räucherofen öffnen, ist das Tagwerk vollendet. Braun-golden hängen die noch warmen, frisch geräucherten Fische im Rauch. Appetit macht sich breit.

Das Restaurant Fischerhaus an der Metow in Plau am See bietet mit der *Räucherschule Metow* Interessierten eine Einführung in die Hohe Kunst des Räucherns an. Inhaber Remo Block unterweist mit seinem Küchenchef wissbegierige Gourmets: Wie wird ein Fisch geschlachtet und filetiert? Welche Räuchermethoden gibt es? Welches Holz wird verräuchert? Welche Gewürze und Kräuter ergänzen das Geschmackserlebnis? Remo Block hat den einen oder anderen Tipp, Trick und Kniff parat. Geräuchert werden Fische aus heimischen Gewässern, wie Barsch, Zander, Maräne und Hecht. Das Mittagessen ist damit auch gleich bereitet und wird frisch am Räucherofen verzehrt. Dazu gibt es Brot aus dem Holzofen und Gartengemüse. Zwei Kurse, einen zum Reinschnuppern und einen für angehende Profis, werden angeboten. Der Genießerkurs dauert eineinhalb Stunden und kostet 69 Euro. Für den vierstündigen Expertenkurs musst du 129 Euro berappen. Die Kurse finden sonntags ab 10 Uhr statt. Um Voranmeldung wird gebeten.

Wer vom Räucherfisch auch nach dem Kurs nicht genug hat, kann sich beim beliebten *Räucherkahn in Waren* jeden Tag mit frisch geräuchertem Fisch versorgen.

21 **Räucherschule Metow • An der Metow 12, 19395 Plau am See • ferienpark-metow.de**

22 **Räucherkahn Waren • Strandstr., 17192 Waren (Müritz) • raeucherkahn.de**

Garantiert grätenfrei
Urige Meckpomm-Küche ohne Fisch

In den Kochtöpfen der Mecklenburger Küchen dünstet, brät und backt nur Fisch? Falsch! Auf den Tellern der Gasthäuser geht es gern auch deftig zu. Ein Klassiker ist der Mecklenburger Rippenbraten. Schweinerippen werden mit Backpflaumen und Apfelstückchen gefüllt und im Ofenrohr langsam geschmort. Als Beilage passen Rotkohl und Klöße. Zum zarten Eisbein gibt es Sauerkraut und Salzkartoffeln und zum hausgemachten Sauerfleisch knusprige Bratkartoffeln. Im *Wiekhaus 45*, einem alten Wächterhaus in der Neubrandenburger Stadtmauer, sitzt du nicht nur urgemütlich, sondern hast die Wahl zwischen allen diesen traditionellen Gerichten. Der Hit sind geschmorte Kalbsbäckchen und zarter Tafelspitz vom Mecklenburger Weiderind.

← Darf's mal Wild sein? Dann bist du im Restaurant Schwalbennest an der richtigen Adresse

Wer es einfacher mag: In der Gaststube auf *Sabines Bauernhof* bei Waren wird kräftige Grützwurst (mit Stärke und Gewürzen verarbeitete Blutwurst) mit Kartoffelstampf und Schmorzwiebeln serviert. Wild im Kopf? Alle Zutaten für schmackhafte Wildgerichte gibt es in den ausgedehnten Wäldern der Seenplatte. Im Restaurant *Schwalbennest* bei Feldberg sitzt du in einem schönen Bauerngarten unter einem riesigen Sonnenschirm und bekommst saftigen Wildschweinbraten mit Pilzrahm, Rotkohl und Knödelscheiben serviert. Dazu: orange leuchtende Ebereschenbeeren – eine ganz besondere Note.

23 **Wiekhaus 45 • 4. Ringstr. 44, 17033 Neubrandenburg • wiekhaus45.de**

24 **Sabines Bauernhof • Devener Weg 5, 17192 Alt Schloen • sabines-bauernhof.de**

25 **Schwalbennest • Hullerbuscher Weg 25, 17258 Feldberger Seenlandschaft • Tel. 03 98 31/2 04 72, unbedingt reservieren!**

Kunst & Kultur! Zum Gucken. Zum Machen. Zum Mitmachen. Und manchmal auch zum Kaufen. Im Museum oder an der frischen Luft. Von Kunst im Bahnhof und Kino in der Kirche, von Puppenspielern und magischen Gärten. Hier gibt's jede Menge kreativen Input!

Die kreativen Orte

Kunst & Kultur von gediegen bis hipp

Kultur mit Kantine
Kunsthandwerker-hof Thomsdorf

→ **Ganz schön kreativ geht es in Christine Radeckes Atelier oder Stephanie Schrantz' Keramikwerkstatt im Kunsthandwerkerhof zu**

Draußen zieht ein Holzschild auf einem restaurierten Leiterwagen die Augen auf sich. Trittst du durch das Tor, empfängt dich ein gepflasterter Hof mit einer riesigen Weide in der Mitte. Ringsherum liegen die Ateliers der Kreativen: Da gibt es die Galeriewerkstatt von Christine Radecke mit Plastik, Fotografie und Malerei, die Keramikwerkstätten von Stephanie Schrantz und Anne Schattka-Steinbruch, beide so verschieden und beide so genial, den Wollbrunnen von Anke Müller und die Schmiedegalerie von Anette Maria Eckl.

Im *Kunsthandwerkerhof Thomsdorf* gibt es so viel zu entdecken, dass man darüber hungrig wird. Auch dafür ist gesorgt, denn die Kantinenwirtschaft auf dem Hof hat leckere Currys, Quiches oder Eintöpfe, aber auch hausgemachten Kuchen und Eis. Zur Hauptsaison finden an Wochenenden regelmäßig Kunsthandwerkermärkte statt. Dann kommen auch viele Künstler aus der Umgebung nach Thomsdorf und stellen Töpfersachen und Gefilztes, Seifen und Schmuck, Emaille und Holz, Praktisches und Putziges rund um den mächtigen Hofbaum aus.

INSIDER-TIPP
Kunst für Kids

Für Kinder gibt es jeden Mittwoch Workshops in der Kreativwerkstatt mit Hexe Klex und dem Kunstbus: im Siebdruck-Verfahren ein Shirt bedrucken, Kerzenziehen oder bunte Seifen selbst herstellen – schon junge Künstler können hier Großes vollbringen. Auch das Thomsdorf-Kino, das regelmäßig stattfindet, kommt gut an. In der Vorweihnachtszeit ist der schön beleuchtete Adventsmarkt die Gelegenheit, um besondere Geschenke zu finden.

1 Kunsthandwerkerhof Thomsdorf • Thomsdorf 36A, 17268 Boitzenburger Land • kunsthandwerkerhof-thomsdorf.de

... ich bin das geworden,
was ich immer sehnlichst
gewünscht habe ...

Fritz und Ernst
Zwei große Männer der Seenplatte

Im 19. Jh. waren nicht nur ihre Vornamen angesagt: Ernst Barlach und Fritz Reuter haben sich an der Seenplatte einen Namen gemacht. In Stavenhagen, einer Gegend, wo die mecklenburgisch-vorpommersche Mundart gesprochen wurde, lebte und dichtete Fritz Reuter (1810–1874). Das klang so: »Wenn einer dauhn deit, wat hei deiht, denn kann hei nich mihr dauhn, as hei deiht.« Hä? »Wenn einer tut, was er tut, dann kann er nicht mehr tun, als er schon tut.« Ah! Im *Fritz-Reuter-Literaturmuseum*, dem alten Rathaus, erfährst du alles über sein Leben. Beispielsweise wie er als schlechter Schüler, abgestempelter Nichtsnutz und Ex-Häftling zu einem der bedeutendsten Schriftsteller der niederdeutschen Sprache wurde. In Stavenhagen siehst du, wie viel der Dichter der Stadt bedeutet: Es gibt eine Reuterstraße, Reuterschule, Reutereiche, Reuterplatz, Reuter-Apotheke und ein Reuter-Denkmal.

In Güstrow brachte der Bildhauer und Grafiker Ernst Barlach (1870–1938) ernste Themen aufs Tablett: Alte und Schwache, Bettler und Rächer. Sein *Atelierhaus* am Inselsee ist heute ein Museum. 300 Plastiken, 110 Handzeichnungen und 430 Drucke sind ausgestellt, vor weißen Wänden, mit Platz zum Wirken. In der *Gertrudenkapelle* werden weitere Werke Licht gezeigt. Da Barlach den Ersten Weltkrieg miterlebte, beschäftige ihn das Thema Krieg besonders. Im Güstrower Dom hängt sein berühmtestes Werk: der Schwebende – die Bronze schuf er für die Gefallenen.

← Barlachs berühmteste Plastik schwebt im Güstrower Dom

← Im Fritz-Reuter-Literaturmuseum wandelst du auf den Spuren des Schriftstellers

2 **Fritz-Reuter-Literaturmuseum • Markt 1, 17153 Stavenhagen • fritz-reuter-literaturmuseum.de**

3 **Ernst Barlach Atelierhaus • Heidberg 15, 18273 Güstrow • ernst-barlach-stiftung.de**

4 **Gertrudenkapelle • Gertrudenplatz 1, 18273 Güstrow**

SAGE

Keramikvirtuosin
Zu Besuch bei der Töpferin aus Laeven

Tassen, Krüge und Vasen, Teller, Kerzenhalter und Eierbecher … Dies alles stapelt sich in Holzregalen im *Atelier von Sabine Oettel.* Die Töpferin mit dem weißen Haar und freundlichen Lächeln kann sich nichts anderes vorstellen, als von Ton und ihrem Brennofen umgeben zu sein. Sabines Werkstatt liegt in einem großen Garten. 2013 ist die Ur-Berlinerin ins beschauliche Laeven gezogen. Im Urlaub hat sie sich in die Landschaft verliebt und beschloss eines Tages zu bleiben. »Jeden Morgen gehe ich im See schwimmen. Ich könnte mir den Tag nicht mehr ohne dieses Ritual vorstellen«, stellt sie in aller Ruhe fest. Die Künstlerin liebt den rustikalen Charme ihrer Wahlheimat und kombiniert ihn in ihrer Keramik mit einer leichten, eleganten Ästhetik. Erfolgreich. Das Sternerestaurant Alte Schule und das Café Sommerliebe in Carwitz servieren auf ihrem Geschirr.

← Schön und praktisch zugleich – Sabine Oettels getöpferte Kreationen

Verrückt ist: Sabine hat nie einen Töpferkurs besucht. Autodidaktisch hat sie sich an die Sache herangewagt und viel experimentiert. »Bei meinem ersten Markt sah ich all die tollen Dinge der anderen Töpfer und wollte am liebsten gleich wieder einpacken.« Stattdessen kamen ihre Ideen gut an. Ein neuer Verkaufsschlager sind die französischen Butterschalen. Sie eignen sich bestens, um selbst gemachte Bärlauchbutter oder Dips abzufüllen. Besucher sind in Sabines Werkstatt stets willkommen. Hier gibt sie auch Workshops. Dann können Teilnehmer ihre eigenen Lieblingsstücke töpfern. Besonders beliebt ist der Kurs, in dem marokkanische Tajinen gefertigt werden. Wenn Sabine nicht in ihrem Haus in Laeven werkelt, anmischt oder neue Designs austüftelt, ist sie an ihrem Stand auf dem Kunsthandwerkermarkt in Thomsdorf anzutreffen. Oder bei einem Bad im See …

INSIDER-TIPP
Getöpfteres Mitbringsel

5 **Sabine Oettel • An der Miela, 17258 Laeven, Feldberger Seenlandschaft • Tel. 0160/544 76 00 • sabine-oettel@t-online.de**

Winnetou lässt grüßen Kreativ sein im Indianerdorf

Howgh! Mitten in der landschaftlichen Weite der Mecklenburgischen Schweiz wird jedes Jahr von Mai bis August ein besonderes Lager abgehalten. Dann ragen bunte Kegel gen Himmel, Traumfänger tanzen im Wind und der Marterpfahl schaut grimmig drein. Es fehlt eigentlich nur noch eine Bisonherde in der Prärie und das entfernte Donnern der Trommeln …

Das *Klax-Indianerdorf* ist dann wieder zu Gast auf dem Biohof Peitz nördlich von Waren. Neun Tipis und ein breites Freizeitangebot warten auf kleine und große Besucher. Im Kreativ-Tipi werden bunte Vogelfutterhäuser kreiert, besondere Zeichentechniken ausprobiert oder die ersten eigenen Filme mithilfe der Stop-Motion-Filmtechnik gedreht. Es werden Seidentücher bemalt, Keramik geformt und gebrannt oder ein Medizinbeutelchen gebastelt. Für Übernachtungsgäste brennt jeden Abend das Lagerfeuer und süßes Stockbrot wird über dem Feuer knusprig gebacken. Ein Erlebnis, das die einfache Lebensweise wieder ins Licht rückt. Zeit haben. Nah an der Natur sein.

Die Teilnahme an den verschiedenen Workshops ist von 10 bis 18 Uhr für Tages- und Übernachtungsgäste möglich. Ein Tagesbesuch kostet 5 Euro für Kinder und 2,50 Euro für Erwachsene. Übernachtungsgäste sind von Freitag bis Montag willkommen. Die bis zu sechs Indianer fassenden Behausungen mit zentralem Feuerchen kosten 51 Euro pro Nacht. Die Teilnahme an allen Workshops ist dann kostenfrei, gesunde Kost kann dazu gebucht werden. Anmeldungen werden vom Häuptling via Rauchzeichen entgegengenommen.

← Wilder Westen in der Mecklenburgischen Schweiz! Im Klax Indianerdorf gibt's Stockbrot und echte Tipis

INSIDER-TIPP
Bleib einfach da

6 **Klax-Indianerdorf • Bio-Bauernhof Peitz, Feldweg 3, 17194 Klocksin • klax-indianerdorf.de**

Kunst im Provinzbahnhof Die Galerie Teterow

↓ **Hereinspaziert! Die Galerie Teterow bietet Kunst, Mode, Konzerte, Lesungen …**

Der angesagte Treffpunkt für Künstler und Kunstinteressierte in der Mecklenburgischen Schweiz ist seit 1990 die *Galerie Teterow*. Nach mehreren Stellungswechseln hat der Kunstverein Teterow e. V. 2013 die Räume im alten Bahnhof bezogen. Im großen Wartesaal wird nun nicht mehr auf den einrollenden Zug geharrt, sondern hochkarätige, zeitgenössische Kunst präsentiert.

Das historische, schön sanierte Gebäude bietet endlich genug Platz für verschiedene Genres und überrascht so manchen Reisenden, der hier aus dem Zug steigt oder vorbeirattert. Malerei und Skulptur, Schmuck und Keramik bis hin zu Textilien

sind perfekt in Szene gesetzt. Der Veranstaltungskalender der Galerie ist immer gut gefüllt. Alle acht Wochen wechseln die Ausstellungen.

Neben dem Galeriebetrieb rührt der Kunstverein noch eine ganze Reihe weiterer Aktivitäten an. Weit über Teterow hinaus bekannt ist der Central-Mecklenburgische Töpfermarkt, der jedes Jahr im August stattfindet. Über 70 handverlesene Künstler aus der Region und allen Teilen Deutschlands präsentieren an einem Wochenende ihre Keramik, da bleibt kein Geldbeutel geschlossen. Wer das verpasst, hat regelmäßig die Chance auf ein Konzert, eine fesselnde Lesung, ein zünftiges Bahnsteigfest und die legendären Damenabende. Edle Boutiquen und kleine Labels von Schwerin bis Berlin präsentieren Mode, Schmuck und Accessoires, mehrheitlich für die Damenwelt. Aber auch Männer sind zum Klatsch und Tratsch bei Sekt und Wein gern gesehen.

7 **Galerie Teterow • Bahnhof 1, 17166 Bergringstadt Teterow • galerie-teterow.de**

25
25
25

Mit Gottes Segen
Kino in der Kirche

Es ist Donnerstagabend in Nossentin und vor der Kirche versammeln sich viele Leute. Was ist da los? Pünktlich um 20 Uhr heißt es in der *Kirche von Nossentin* »Film ab« und das Licht flimmert durch die Kirchenfenster. Seit 20 Jahren gibt es einmal wöchentlich in der Saison von Mai bis September einen Kinofilm in den alten Gemäuern zu sehen. Ein eigens dafür gegründeter Verein kümmert sich um das Programm und die Durchführung der Abende. So ist das Erlebnis »Kino« auch in dieser ländlichen Region möglich – nur die alten Kirchenbänke sind nicht gerade die bequemsten. Selbst der Pastor ist mittlerweile bekennender Cineast und übernimmt gern die Einführungsrede zum Film.

Auf die Leinwand kommen nur anspruchsvolle Streifen und Klassiker, die Filmgeschichte geschrieben haben. Es singt Marlene Dietrich in »Der blaue Engel«, Götz George brilliert in der Filmkomödie »Schtonk« und Louis de Funès bringt die Zuschauer in »Brust oder Keule« zum Lachen. Im Anschluss gibt es ein passendes Essen zum Film und man kann sich bei einem Gläschen Wein über den Film austauschen. Der Eintritt ist frei. Über Spenden freut sich der Verein, denn die Filmrechte gibt es nicht umsonst. Neben den Filmabenden dient die Kirche auch als Kunstraum für Lesungen, Konzerte und Ausstellungen.

In Neubrandenburg gibt es in den Gemäuern der ehemaligen Sankt Joseph Kirche ein ganz ähnliches Projekt. Das *Kino Latücht* bringt internationales Programmkino auf die Leinwand, mit Anspruch und fernab vom Mainstream. Die ungewöhnliche Nutzung der alten Kirchenmauern als Kinosaal macht gerade den Reiz aus.

← Das sehr anspruchsvolle Programm des Kinos Latücht liefert Stoff für Diskussionen

← Filmklassiker und Kultfilme flimmern in der Kirche von Nossentin über die Leinwand

8 **Kirche Nossentin • Am Park 5, 17214 Silz • kunst-kinokirche-nossentin.de**

9 **Kino Latücht • Große Krauthöfer Str. 16, 17033 Neubrandenburg • latuecht.de**

Hotel
Schloß Klink

Heimlich & Co.
Krimidinner im Schloss

Im Schummerlicht flackernder Kerzen sind die Gesichter ringsum nur vage zu erkennen. Du nimmst Platz an einem festlich gedeckten Tisch, eine Standuhr gongt sechsmal: Es ist 18 Uhr, das Spiel beginnt. Du bist mittendrin in einem Kriminalfall, um dich herum geht Schauriges vor, es gilt auf der Hut zu sein und kein Detail zu übersehen.

← Gleich fährt Miss Marple vor …

Herzlich Willkommen beim Krimidinner im historischen *Schlosshotel Klink*, dem perfekten Setting für einen spannenden Abend mit Gänsehautmomenten. »World of dinner« rühmt sich, die Mutter aller Krimidinners zu sein. Mit dem Vier-Sterne-Schlosshotel hat es einen bühnenreifen Kooperationspartner gefunden. Auf einem schmalen Landstreifen zwischen Müritz und Kölpinsee liegt das alte Herrenhaus, mit seinen vielen Türmen und Erkern macht es schon von weitem Eindruck. 1898 von Arthur von Schnitzler als Rittergut erworben und zu einem Schloss umgebaut, hat es eine wilde Geschichte hinter sich. 1945 beschlagnahmt und bewohnt von Kommandanten der Roten Armee, hatte man es nach dem Krieg 20 Jahre lang als Flüchtlingsunterkunft genutzt und anschließend zu einem Erholungsheim umgebaut, bevor es nach der Wende zum Verkauf stand.

Guido Gabriel Walloschke nahm viel Geld in die Hand, kaufte das Haus und machte daraus ein Hotel. Beim beliebten Krimidinner wird in den Pausen des Theaterstücks ein kreatives Vier-Gänge-Menü serviert – auf Wunsch auch ganz ohne Blutvergießen, sprich vegetarisch. Ob beim »Spuk von Darkwood Castle« oder am »Geburtstag des Grauens« – noch vor dem Dessert sollten die Gäste es schaffen, den Täter zu schnappen.

10 Krimidinner im Schlosshotel Klink • Schloßstr. 6, 17192 Klink • buchbar über krimidinner.de

Klaus aus Funkenhagen Er lässt die Puppen tanzen

← Puppenspieler aus Leidenschaft: Klaus Breuing

Es schallt über den Zeltplatz von Carwitz: »Aufgepasst, liebe Leute, heute Puppentheater, um 11 Uhr, Räuber Hotzenklotz«. Dann folgt das unüberhörbare Läuten einer großen Handglocke. Der Puppenspieler ist wieder da! Viele freuen sich über seine Aufführungen im kleinen *Theaterzelt Carwitz*, das in der Dorfmitte steht – ein Erlebnis, wie aus dem Bilderbuch. Eigentlich lebte Klaus Breuing, der Puppenspieler, in Berlin. Hatte dort eine Kneipe, das Café Lampion. Künstler, Maler, Musiker und Literaten philosophierten zwischen Gestrandeten und ewigen Träumern. Doch jeden Sommer kam Klaus in die hügelige Landschaft der Feldberger Seen – bis heute. Die Ruhe und Natur, die Freiheit und Unabhängigkeit sind es, die ihm gefallen.

Und er fand ein Publikum für das, was er am liebsten macht: ein Puppenspieler sein. Witzige Geschichten spielen, dazu singen und auf der Gitarre klimpern, vorher schon einen Schluck Rotwein im Kopf, dann wird es umso lustiger – ob im Theaterzelt oder im *Theaterhaus Lampion* in Funkenhagen. Selbst geschnitzte Marionetten mit kantigen, fast mürrischen Holzgesichtern tänzeln über die Puppenbühne, lugen durch den Vorhang und bringen jeden zum Lachen. Jeden! Seit über 25 Jahren. Für ein Schwätzchen ist Klaus immer zu haben. Dann erzählt er von seinem Leben als Buchhändler, Gitarrist, Bockwurstverkäufer, Bananensortierer, Kneipenwirt und Puppenspieler, Anekdoten die er in seinem Buch »Lampion« zum Besten gibt. In Berlin wurde ihm gekündigt. Die Kneipe in der Knaackstraße gibt es schon lange nicht mehr. Klaus schon.

11 **Spielstätte Theaterzelt Carwitz auf dem Ole Pfarrhoff neben der Buswendeschleife • GPS: 53.301984, 13.438925**

12 **Theaterhaus Lampion • Funkenhagen 1, 17268 Boitzenburger Land • puppentheater-lampion.de**

Kreatives Dorf Zu Besuch in Rothen

→ Bei der Kennzeichnung ist das Hofcafé Zur Rothen Kelle nicht zu verfehlen!

In Rothen an der Mildenitz wohnen nur gut 60 Menschen. Das Minidorf am Rothener See ist ein Kuriosum. Denn obwohl der Ort so klein ist, geht hier die Post ab. Zumindest kulturell. Immer mehr Künstlertypen haben sich nach und nach in der Einöde eingefunden, Menschen, die Natur und Einsamkeit lieben und darin ihre Inspiration finden. Sie alle haben Rothen neues Leben eingehaucht. Kreativität. Schönheit. Ein Gemeinschaftsgefühl.

Seit 1985 wohnen Tine und Wolf Schröter in der historischen *Rothener Mühle*, die schon im 14. Jh. Korn zu Mehl verarbeitete. Das Paar – sie Textilgestalterin, er Handwerksmeister im Flechtwerk – hatte nach genau so einem Ort gesucht, mit Geschichte und einem großen Garten. Sie haben hier eine Galerie eröffnet und bieten künstlerische Workshops an. Probier dich als Modedesignerin oder im Ecoprint, wo du aus Naturmaterialien deine eigenen Farben herstellst und auf Tücher druckst. Und wer zu viele Äpfel im Garten hat, kann sie zur Mühle bringen – die hauseigene Mosterei verwandelt sie in leckeren Bio-Saft.

Nur wenige Meter entfernt liegt der Rothener Hof, ein ehemaliger Gutshof, in dem der *Rothener Hof e.V.* Ateliers und Werkstätten eingerichtet hat. Regelmäßig finden Musik- und Kunstprojekte statt, aber auch über Politik wird diskutiert. Das Hofcafé Zur Rothen Kelle sorgt bei allen Vorhaben fürs leibliche Wohl.

Und damit ein Aufenthalt in Rothen rund wird, bietet das *Gutshaus Rothen* Ferienwohnungen an, mit Kamin, Sauna und parkähnlichem Garten mit Seezugang. Noch Wünsche offen? Nee!

13 **Werkstattgalerie und Mosterei Rothener Mühle • Rothen Mühle 3, 19406 Rothen • rothener-muehle.de**

14 **Rothener Hof e. V. • Kastanienweg 8, 19406 Rothen • rothenerhof.de**

15 **Gutshaus Rothen • Kastanienweg, 19406 Rothen • gutshausrothen.de**

RESTAURANT

Aus alt mach neu
Die Kachelofen-fabrik Neustrelitz

→ **Für das Fabrik-Kino in der Alten Kachelofenfabrik ist die Uhr noch lange nicht abgelaufen**

Noch bis Ende der 1970er-Jahre wurden in dem roten Backsteinbau im Neustrelitzer Norden Kachelöfen produziert. Große und kleine, grüne, cremefarbene und braune. Das bekannte Sortiment eben. Danach war das Gebäude mit dem Übergang in die Konsumgesellschaft mehr oder weniger dem Verfall preisgegeben. Doch 1992 fand sich ein Verein, der mit einem schlüssigen Konzept die Fabrik übernahm und sie so vor dem Abriss bewahrte. Zum Glück für die Neustrelitzer und alle Kulturfans: heute, fast 30 Jahre später, ist die *Alte Kachelofenfabrik* ein kleines Juwel – nicht nur optisch, sondern vor allem in puncto Kultur.

In dem speziellen Ambiente des Industriedenkmals gibt es ein preisgekröntes Fabrik-Kino mit Filmvorstellungen fern des Mainstreams, ab und an ist ein Filmemacher oder Regisseur zu Gast und erzählt über seine Arbeit. Die Fabrik-Galerie für gegenwärtige Kunst in der alten Werkstube fördert vor allem regionale Künstler durch wechselnde Ausstellungen, zudem finden in dem großen, hellen Raum regelmäßig Konzerte und Lesungen statt.

Mittlerweile ist die Fabrik auch Schauplatz des jährlich stattfindenden Neustrelitzer Naturfilmfestivals »Mensch! Natur!«. Zum Festivalprogramm gehören Exkursionen in den Müritz-Nationalpark, themenbezogene Ausstellungen und natürlich kulinarische Programmpunkte in der angeschlossenen Gastronomie. In den ehemaligen Brennräumen der Fabrik wird täglich, außer montags, frisch gekocht. Schon wegen des klasse Biergartens muss man hierher. Wer länger bleiben will, quartiert sich im Ökohotel ein, das Apartments und Doppelzimmer in modernen Holz-Lehm-Häusern vermietet.

INSIDER-TIPP
»Prost« mit Stil

16 **Alte Kachelofenfabrik • Sandberg 3 a, 17235 Neustrelitz • basiskulturfabrik.de**

fabrik. kino!

Slams mit Kuchen
Liveevents im Café

Im Kaffeehus Kittendorf in Mirow ist immer was los. Für gewöhnlich genießt man hier im entspannten Retro-Ambiente hausgemachte Kuchen und Torten, leckeres Softeis nach altem DDR-Rezept und kräftige Kaffeevariationen. Vor allem die frischen Waffeln mit Beerengrütze haben sich schon über die Grenzen der Stadt herumgesprochen. Mit viel Liebe zum Detail wurde das *Kaffeehus* gestaltet, die Bedienung ist locker und freundlich. Sogar die Kids kann man mitnehmen, denn es gibt einen schönen Außenbereich mit Spielecke für die Kleinen.

Wenn Inhaberin Christine Kittendorf genug vom Kuchenbacken und Tortenmachen hat, gönnt sie sich eine kulturelle Pause. Dann organisiert sie in gemütlicher Wohnzimmeratmosphäre Auftritte regionaler Musikgruppen und Lesungen von bekannten und weniger bekannten Autoren. Besonders beliebt sind Poetry Slams. Die Dichterschlachten haben ihren Ursprung im Chicago der 1980er-Jahre. Bei den Slams tragen junge Poeten ihre eigenen Texte im freien Stil und in vorgegebener Zeit dem Publikum vor. Alle lauschen mucksmäuschenstill. Gerne werden dabei sozialkritische Themen ins Visier genommen. Abschließend entscheidet das Publikum über den besten Poeten des Abends.

Zu den Kulturevents, die einmal im Monat stattfinden, wird auch die Cocktailbar geöffnet – an Zutaten wird nicht gespart und so ist die Stimmung wunderbar ausgelassen. Christine freut sich über Voranmeldungen. Wer nur schlemmen will, der ist donnerstags bis montags von 13 bis 17 Uhr willkommen.

← In Christine Kittendorfs Kaffeehus gibt es neben leckeren Torten auch eine Menge Kultur

17 **Kaffeehus Kittendorf – Stadtcafé Mirow • Strelitzer Str. 28, 17252 Mirow • kaffeehus-kittendorf.de**

Ab ins Frischluft-Museum Die Slawendörfer

→ **Living History – in Groß Raden reist du in die ferne Vergangenheit**

INSIDER-TIPP
Wie ein echter Slawe

Mal nicht baden oder Boot fahren, sondern was fürs Köpfchen tun? Nicht nur das Müritzeum ist spannend, es geht auch Open Air und live dabei. In den Slawendörfern der Mecklenburgischen Seenplatte kannst du hautnah erleben, wie die frühen Siedler vor über 1000 Jahren lebten und die wilde Natur dieser seenreichen Region für sich nutzten.

Im *Archäologischen Freilichtmuseum Groß Raden* ist ein ganzes Slawendorf wieder aufgebaut, samt Wassergraben, Tempel und Burg mit einem grandiosen Blick auf den See. Heute ist es nicht mehr vorstellbar, in solch einfachen Hütten aus Rundhölzern und mit gestampften Lehmböden zu wohnen. Doch in diese Zeit einzutauchen macht Spaß. Stanze dir mit dem Gerber Furio ein Lederarmband mit deinem Namen in Runenschrift oder töpfer dir einen Trichterbecher. An seiner Feuerstelle erzählt Furio vielleicht auch, woher er wirklich stammt und warum es ihn jeden Sommer an den Groß Radener See in die Vergangenheit verschlägt.

Im *Slawendorf bei Neustrelitz* erinnert so manche Hütte mit ihren niedrigen Reetdächern an Hobbingen. Hier am Zierker See wird das Dorf mit Turmhaus, Schmiede und Fischerhaus von einem Palisadenzaun geschützt. In der Kulthalle gibt es eine kleine Ausstellung mit dem Nachbau eines slawischen Boots. Um das Dorf von oben zu sehen, kletterst du auf den 12 m hohen Wachturm – alles im Blick?

18 **Archäologisches Freilichtmuseum Groß Raden • Kastanienallee 49, 19406 Sternberg • freilichtmuseum-gross-raden.de**

19 **Slawendorf Neustrelitz • Franzosensteg, 17235 Neustrelitz • slawendorf-neustrelitz.de**

Schönes vom Gutshof
Kunst by Max und Luzi

→ **Wunderbare Holzkunst mit praktischem Nutzen gibt's in der Galerie Maxluzi**

Du siehst es schon regelrecht vor dir: wie die völlig abgefahrene Hängelampe mit transparent durchscheinendem Holzschirm dein Wohnzimmer in ein warmes Licht taucht. Oder wie toll die großen runden Äpfel deiner Lieblingsapfelsorte in der asymmetrisch geformten Schale zur Geltung kommen. In der Galerie *Maxluzi* im alten Gutshof des 80-Seelen-Dörfchens Seewalde bei Wustrow am Gobenowsee kann man sich gar nicht sattsehen.

Designerhände sind hier am Werk. Max ist von Beruf Zimmerer. Schon als kleiner Junge hat ihn der Werkstoff Holz begeistert, am liebsten drechselt er. Seine ganz unterschiedlich gestalteten, hauchdünnen Holzlampen hängen verstreut in der alten Schmiede, umfunktioniert zur Kunstgalerie. Eine Entscheidung, welche die schönste ist – gar nicht so einfach, alle sind ein Hingucker. Die weibliche Seite der Kunst, Luzi, ist Innenarchitektin. Lichtobjekte haben es ihr ebenso angetan, doch auch Textiles ist ihre Leidenschaft. So abstrahiert sie gern und druckt ihre Natur-, Tänzer- oder Tiergrafiken auf Shirts, Beutel, Kochschürzen oder Babylätzchen. Da Max und Luzi samt Töchterchen direkt auf dem Hof leben, triffst du sie garantiert hier an und kommst unkompliziert mit ihnen ins Gespräch.

Wenn du dich genug umgesehen und dir vielleicht sogar ein Maxluzi-Geschenk gegönnt hast, kannst du im Naturladen im historischen Innenhof gleich gegenüber der Galerie Kaffee und ein Stück Kuchen schlemmen und das rustikale Flair des Gutshofs ganz in Ruhe einatmen.

20 **Galerie Maxluzi • Seewalde, 17255 Wustrow • maxluzi.de • variable Öffnungszeiten – einfach vorbeikommen**

Psss, geheim Maritas verwunschener Garten

Kein Schild, keine Werbung weist darauf hin, was sich hinter einem Gartentor in Walow unweit von Malchow verbirgt. Doch wer den Weg hierher findet und sich traut, bei *Marita Lutterbeck* zu klopfen, tritt ein in ein kleines Traumland. Denn Marita ist Designerin. Sie arrangiert aus alten Dingen Neues. Da das im Ort schon bekannt ist, stellen ihr Bewohner immer wieder alten Krempel vor die Tür. Den Marita weiter verwendet. Und so stehen verteilt im ganzen Garten, zwischen einer wunderschönen Weide, bunten Staudenbeeten und üppigen Obstbäumen so manche Kuriositäten: Auf alten Seemannskisten stehen riesige Glasballons, umfunktioniert zum Kerzenhalter, Gießkannentüllen werden kurzerhand auf Holzstiele gesteckt und dienen Insekten als Versteck, ausgediente Fenster mit Industriecharme verstecken sich zwischen Sträuchern oder führen in den nächsten Gartenabschnitt. Und das Beste: Viele ihrer kreativen Arrangements kann man kaufen und im eigenen Zuhause aufstellen.

Überhaupt ist der Garten ein Ort der Inspiration. Das Gewächshaus aus Ziegeln und alten Fabrikfenstern war Maritas Idee. Genauso wie das putzige Hühnerhaus aus großen, runden Feldsteinen. Oder der Torbogen aus rustikalen Scheunenbalken, der scheinbar unvermittelt im Garten steht, jedoch in einen weiteren Teil überleitet. Und zum Glück hat Marita einen Mann, der all ihre Ideen mit viel handwerklichem Geschick mit umsetzt.

Die Hobbykünstlerin freut sich über jeden Besuch in ihrer magischen Welt. Dann wird bei einer Tasse Kaffee oder Tee, die sie ihren Gästen mit Freuden serviert, geplaudert und dem kreativen Austausch freien Lauf gelassen.

← Upcycling meets Kunst – in Maritas Garten erwartet dich ein verblüffendes Fantasiereich

21 **Marita Lutterbeck • Dorfstr. 2, 17209 Walow • Tel. 015 22 / 5 16 87 45**

Und: Action! Auf dem Wasser, zu Lande oder in der Luft. Ob kleine Mutprobe, sportliche Spitzenleistung oder einfach mal aufs Spaßpedal treten: Tob dich aus, sei wild, und zeig, was in dir steckt!

Die wilde Seite

Gas geben und Spaß haben von sportlich bis mutig

Übers Wasser flitzen
Wakeboarden auf dem Reitbahnsee

→ **Ein Schlepplift macht's möglich: actionreiches Wakeboarden auf dem Reitbahnsee**

Der Überfluss an Wasser an der Mecklenburgischen Seenplatte macht die verrücktesten Wassersportarten möglich. Beispiel gefällig? Seit über 20 Jahren stehen im Reitbahnsee bei Neubrandenburg fünf nicht ganz so ansehnliche Stahlpfeiler. Sie sind Teil eines 850 m langen, ringförmigen Schlepplifts. Von dieser *Wasserski-Seilbahn* lassen sich Wassersportverrückte auf Skiern und Brettern mit ungefähr 30–50 km/h über das Wasser ziehen. Glaubt man ihren Gesichtern, scheint der Sport richtig Spaß zu machen. Also auf: Versuch es doch selbst einmal!

Beim Wakeboarden werden beide Füße auf einem Brett fixiert, mit dem man sich quer zur Zugrichtung der Anlage ziehen lässt. Für mehr Speed dreht man das Brett in Fahrtrichtung – das Snowboard lässt grüßen. Geduldig und verständnisvoll werden Anfänger vom Team der Anlage eingewiesen und bei den ersten »Gehversuchen« unterstützt. Wem der Start auf einem Wakeboard zu wackelig und gewagt ist, der lässt sich erst einmal auf einem Kneeboard, kniend, über das Wasser ziehen. Für echte Profis sind im Wasser weiße Schwimmelemente verankert – Schanzen zum Abheben. Wahre Cracks heben nicht nur ab, sondern schaffen auch kunstvolle Drehungen und Figuren in der Luft!

INSIDER-TIPP
Chillen und gucken

Puh, ganz schön anstrengend. Pause gefällig? Dann setzt dich mit einem Chai-Presso auf die Terrasse des kleinen Cafés, bevor es wieder »ab auf den See« heißt. Eine Stunde auf der Anlage kostet 20 Euro. Die Ausrüstung, wie Brett und Helm kannst du selbst mitbringen oder gegen Gebühr vor Ort ausleihen.

1 Wasserski-Seilbahn Neubrandenburg • Reitbahnweg 90, 17034 Neubrandenburg • wasserski-seilbahn.de

Wie einst im wilden Westen Radeln auf Schienen

Was tun mit alten, ungenutzten Bahnstrecken? Die Mecklenburger hatten dazu eine gute Idee und stellten bei der stillgelegten 28-km-Strecke zwischen Fürstenberg/Havel und Templin Draisinen auf die Schienen: »Open-Air-Holzplattformen« mit vier Eisenrädern und einem Sitz, die ursprünglich zur Inspektion von Eisenbahnstrecken eingesetzt wurden. Heute können sie, um weitere Sitzmöglichkeiten ergänzt, gemietet werden und machen einfach Gaudi: als Fahrraddraisine zum Strampeln für bis zu vier Mitfahrer oder als Hebeldraisine für bis zu 14 Leute. Und so verbringen Einheimische und Gäste so manche Stunde auf der Schiene, mitten in der Natur und ganz ohne Lokführer – denn der ist man selbst!

← Mit der Draisine geht's flott durchs Grüne – vorausgesetzt, das Personal tritt kräftig in die Pedale ...

Ungewöhnlich, umweltbewusst und deshalb beliebt, entstehen immer mehr Draisinenstrecken an der Seenplatte. Start der *Naturpark-Draisine Dargun* ist im hübschen Städtchen Dargun in der Mecklenburgischen Schweiz. Vorbei an Feldern, Badestellen und durch Blättertunnel, geht die Tour über 17 km bis Salem. Unterwegs solltest du eine Pause in Katja's Bahnhofscafé in Neukalen einplanen, das – wie praktisch! – direkt an den Gleisen liegt. Im alten Güterwagen stärkst du dich mit einer Kleinigkeit und hausgemachter Limo, bevor es weitergeht.

INSIDER-TIPP
Snack im Güterwagon

Auf den Strecken der *Mecklenburger Draisinenbahn* ab Waren und Karow sind einige Draisinen mit Gangschaltung ausgerüstet, ein paar Modelle fahren sogar als E-Draisine. Die Karow-Tour führt durch die Nossentiner-Schwintzer-Heide – eine Naturlandschaft zum Träumen.

2 Naturpark-Draisine Dargun • Bahnhofstr. 1A, 17159 Dargun • naturpark-draisine.de

3 Mecklenburger Draisinenbahn • Damerow Kaserne 3, 19395 Karow und Am Güterbahnhof 10, 17192 Waren • draisine-mecklenburg.de

In den sieben Bergen ... Mit Affenzahn auf der Sommerrodelbahn

→ **In Malchow braucht es zum Rodeln keinen Schnee! Und danach geht's noch zum Affengehege**

Burg Stargard liegt idyllisch in der Nähe vom Tollensesee, umgeben von sieben Bergen. Einer dieser Berge ist der Hunnenberg und auf ihm wurde im Jahr 2000 die *Sommerrodelbahn Burg Stargard* installiert. Schon von Weitem kannst du sie sehen. Wie eine silbrige Schlange kriecht sie den Berg hinauf – bzw. hinab, denn jeder, der oben ankommt, will einfach nur hinunter. So schnell wie möglich! Mit einem Rennrodel auf Rädern saust man die knapp 800 m lange Strecke entlang. Dabei überwindet man einen Höhenunterschied von 30 m, durchfährt acht Steilkurven und überquert zwei Brücken. Auch einige Schikanen sorgen für ordentlich Adrenalin im Blut. Drückt man den Steuerknüppel ganz nach vorne, wird das Gefährt manchmal bis zu 40 km/h schnell. Die schöne Natur rauscht vorbei und die Haare flattern im Wind. Verständlicherweise dürfen Kinder von drei bis acht Jahren nur in Begleitung eines Erwachsenen sommerrodeln. Nach oben gibt es alterstechnisch dagegen keine Begrenzung. Der älteste Fahrer war 82 Jahre alt. Unten angekommen, legt sich ein breites Grinsen übers Gesicht und man spürt das Verlangen nach einer weiteren Abfahrt. Zum Glück bringt der Schlepplift die Schlitten schnell und mühelos wieder hoch an den Start.

Die genauso aufregende *Rodelbahn in Malchow* hat noch ein großes Affengehege mit Berberaffen zu bieten.

4 **Sommerrodelbahn Burg Stargard • Rosenstr. 1 a, 17094 Burg Stargard • rodelbahn-burgstargard.de**

5 **Rodelbahn & Affenwald Malchow • Karower Chaussee 6, 17213 Malchow • sommerrodelbahn-malchow.de**

Ab durch die Hecke

Auf Schatzsuche im Irrgarten

← Jetzt alles gut einprägen und dann hinein ins verwirrende Vergnügen

Lang, lang ist es her. Im Barock. Da waren Irrgärten teil prachtvolle Gartenanlagen, die der Belustigung der höfischen Gesellschaft dienten. Auch heute noch haben Groß und Klein, Jung und Alt Spaß am Verirren und die Anlagen kommen wieder in Mode. Der *Irrgarten in Bollewick* wurde 2004 angepflanzt. Zwei Jahre später durften die ersten Besucher kommen. Von Herumirren konnte zunächst allerdings kaum die Rede sein, denn der immergrüne Liguster war keine 1,50 m hoch und die Hecken hatten noch Lücken.

Nach vielen Jahren Wachstum, intensiver Pflege und dem steten Einsatz der Heckenschere sind die Pflanzen inzwischen überkopfhoch und bilden blickdichte »Mauern«. Nun ist es wirklich ein Irrgarten! Bevor man sich von Mai bis Oktober ins Vergnügen stürzt, kann man sich von einer erhöhten Plattform ein Bild vom Garten und dem Gewirr der Gänge machen – damit man auch wieder hinaus findet, sofern man ein fotografisches Gedächtnis hat. Denn die meisten Irrläufer verlieren sofort beim Betreten des Labyrinths die Orientierung. So soll's auch sein. Über 1 km schlängelt sich der Weg über Gassen und Schleifen vom Eingang zum Ausgang. Wer mag, nimmt an einer Schatzsuche teil. Durch das Lösen verschiedener Rätsel und Knobelaufgaben erhält man den Zugangscode zu einem Tresor, der natürlich erst einmal gefunden werden muss. Rausgekommen ist bisher jeder, so Inhaberin Kathrin Rohleder. Nach getaner Verirrung gibt es am Imbisswagen frische Bratwürste und rote Limonade zur Stärkung. Für den Besuch in Bollewick kann man zwei bis drei Stunden einplanen.

6 **Irrgarten Bollewick • Röbeler Str. 48 a, 17207 Bollewick • irrgarten-bollewick.de**

Ab vom Schuss & querfeldein Mit dem Quad auf Tour

→ **Vier Räder für ein Halleluja!**

Dumpf brummt der Motor mit seinen knapp 30 Pferdestärken. Dreht man kurz am Gas, schießt das Gefährt nach vorn. Allradbetrieben ist dem Quad kein Weg zu schwierig, kein Berg zu steil. »Wenn man wollte, wäre eine Querfeldeintour kein Problem«, schwärmt Holger Jänke, Inhaber von Quad Tour MST. »Aber der Schutz der Natur kommt vor dem Spaßfaktor«, erklärt er weiter.

Die Vierräder wurden ursprünglich als Arbeitsgeräte für unwegsames Gelände in der Landwirtschaft oder der Bergrettung konzipiert. Mittlerweile gibt es wesentlich günstigere und leichtere Modelle – nur zum Vergnügen. Die geführten Touren von Holger fahren im Konvoi mit bis zu fünf Quads über sandige Waldwege, kopfsteingepflasterte Alleen und rippige Feldwege. Viel Übung braucht man nicht, denn man kann ja nicht umkippen. Die Quads sind mit einem Automatikgetriebe ausgestattet. Gas geben, lenken, bremsen und Spaß haben. Das war's. Helme und Handschuhe werden vom Veranstalter gestellt.

INSIDER-TIPP **Quad und Schatz**

Wer sich noch unsicher fühlt, legt die ersten Meter auf dem hauseigenen Parcours zurück, um ein Gefühl für das Gefährt zu entwickeln. Die Touren dauern zwei oder vier Stunden und führen weit hinaus in die abgelegene Natur. Man will ja andere Touristen so wenig wie möglich mit dem Rattern der Motoren stören. Spannend sind Holgers Thementouren. Dabei werden Schätze gesucht oder mystische Orte angesteuert. Die Touren gibt es ab 60 Euro, ein Führerschein ist Voraussetzung.

7 **Quad Tour MST • Neuhofer Str. 14, 17258 Feldberger Seenlandschaft • quad-tour.de**

MST QT 15
MST QT 14

Wie Tarzan und Jane
Von Baum zu Baum im Kletterwald

Auf der Suche nach ein wenig Nervenkitzel? Dann bist du im *Kletterwald Müritz* genau richtig. Im 3 ha großen Kameruner Wäldchen, westlich von Waren, kannst du auf dem Hügel einer alten Slawensiedlung deine Kletterkünste unter Beweis stellen.

Nachdem du von geschulten Mitarbeitern instruiert wurdest, wird die Ausrüstung samt Helm und Klettergeschirr angelegt. Gut gesichert kann es losgehen. Insgesamt stehen acht verschiedene Parcours zur Auswahl. Alle führen hoch in die Baumkronen von Eichen, Buchen und Fichten. Bezeichnungen wie »Schwarze Witwe«, »K2« und »Nervenkitzel« lassen den Anspruch schon vermuten. Teils bis auf 15 m Höhe klettert man über Seile und Elemente, saust eine 90 m lange Seilbahn entlang und springt aus 11 m Höhe in die Tiefe. Ein schweißtreibendes und für so manchen schwindelerregendes Abenteuer. Voller Körpereinsatz wird gefordert – eine gute Kondition sollte man also mitbringen. Doch keine Bange: Wer nicht weiter klettern, springen oder hangeln will, kann jederzeit aussteigen. Die Parcours haben eine Gesamtlänge von 2 km. Wer alle bezwingen will, sollte das dreistündige Zeitfenster buchen. Kleine Klettermaxen erobern attraktive Kinderrouten wie »Eichhörnchen« und »Greenhorn« (sie sollten jedoch mindestens 1,25 m groß und sechs Jahre alt sein). Selbstständig darf erst mit 13 Jahren geklettert werden.

Ein weiterer Kletterspot ist der *Hochseilgarten Havelberge*. Sieben Parcours von Blau bis Schwarz Plus decken alle Kletterniveaus ab, gekraxelt werden darf ab einer Mindestgröße von 1,35 m. Aber auch für Kleinkinder gibt es eine Tour: »Bunt«.

← Höhenangst nein danke! Wackelige Bretter in luftiger Höhe oder Klettergerüste sorgen für Adrenalinkicks

8 Kletterwald Müritz • Kameruner Weg 14, 17192 Waren • kletterwald-mueritz.de

9 Hochseilgarten Havelberge • An den Havelbergen 1, 17237 Userin • haveltourist.de/hochseilgarten.de

Wild und frei Auf dem Rücken der Pferde

→ **Traumhaft: ein romantischer Ritt bei Sonnenuntergang**

→ **Im Reiterhof Peeneland wartet ein Pferd auf den nächsten Reiter**

INSIDER-TIPP
Wie bei »Bibi & Tina«

Der Reiterhof von Jeannette Bombis liegt wildromantisch in einem Landschaftsschutzgebiet der Mecklenburger Schweiz beim Ort Meesiger. Über 30 ha Pferdekoppeln gehören zum *Reiterhof Peeneland*, bis ans Ufer des Kummerower Sees reichen sie. Alles ist ordentlich und gepflegt, das Wohl der Pferde steht an erster Stelle. Die kompetente Reittrainerin gibt Unterricht für Kinder, Neueinsteiger, Reiter und Wiedereinsteiger. Sie schafft es, angst- und stressfrei für den Sport zu begeistern, und erklärt einprägsam, warum und wie Pferde auf gewisse Situationen reagieren. Ausritte führen über die Wiesen der hofeigenen Koppeln. Spätestens jetzt sollte sich – wild und frei – das Glücksgefühl einstellen.

Wer immer schon mal Urlaub auf einem Pferdehof machen wollte, kann in den schönen Ferienwohnungen übernachten. Du wirst morgens vom Wiehern der Pferde und dem Klappern der Hufe geweckt und genießt nach einem ereignisreichen Tag den Sonnenuntergang am Kummerower See. Wer ein eigenes Pferd hat, kann es mit auf den Reiterhof bringen. Ein Rundum-sorglos-Paket mit Dusche, Solarium und viel Auslauf erwartet die Tiere. Und wer nichts mit Pferden am Hut hat, entspannt hier einfach.

Eine weitere Top-Adresse in Sachen Reiten ist das *Gestüt Herian*. Vor allem wer sich im Westernreiten versuchen will, ist hier richtig. Mit ihren Pferden der Rasse Spanish-Norman bieten Isabella und Rainer von ihrem Hof in Schwastorf aus geführte Geländeritte in die Umgebung und in den Müritz-Nationalpark an. Auch hier kannst du dein eigenes Pferd mitbringen, der Hof ist als Wanderreitstation gelistet.

10 **Reiterhof Peeneland • Hof Peeneland 134, 17111 Meesiger • reiterhof-peeneland.de**

11 **Reiterhof Gestüt Herian • Kargower Weg 1, 17192 Groß Dratow • die-hallen-der-herian.de**

Einfach abtauchen
Schnuppertauchkurs am Stechlinsee

Liebhaber von glasklarem Wasser? Logisch. Fisch-Fan? Perfekt. Abenteuerlustig? Dann nix wie los! Die Seen der Platte bieten beste Voraussetzungen für Ausflüge unter Wasser. Die *Tauchbasis Stechlin* am gleichnamigen See zwischen Fürstenberg und Rheinsberg ist optimal für die ersten »Gehversuche« im nassen Milieu. Das sandige Ufer des Sees fällt flach ab und das nährstoffarme Wasser sorgt für beste Sichtverhältnisse. Bei guter Sonneneinstrahlung kann man bis zu 10 m weit gucken. Da schwimmt schon so mancher Fisch an der Taucherbrille vorbei. Es kann also auch nicht schaden, eine Unterwasserkamera am Handgelenk zu haben.

← Am Stechlinsee sind die Bedingungen für erfahrene und unerfahrene Taucher gleichermaßen ideal

Der größte Teil des Stechlinsees gehört zu einem Landschaftsschutzgebiet. Weite Wiesen mit Armleuchteralgen liegen am Grund des Sees und sind beliebt bei Hechten, Barschen und … nein, das ist keine Schlange, sondern ein Aal. Wer mindestens zehn Jahre alt und körperlich fit ist, kann hier an der Basis einen Schnupperkurs buchen. In dem zweistündigen Kurs wird zuerst wichtiges theoretisches Wissen vermittelt: richtiges Atmen, Schnorchelauspusten, Taucherzeichen und all das. Danach geht es mit der Leihausrüstung an den See. Unter Begleitung unternimmt man dann den ersten Tauchgang in den flachen Uferzonen. Nach erfolgter Auswertung gibt es sogar eine Urkunde.

Die Tauchbasis ist natürlich nicht nur was für Anfänger. Hier kann man sich in mehrtägigen Kursen weiterbilden, selbstverantwortlich tauchen gehen oder einfach die wunderschöne Landschaft genießen. Für längere Aufenthalte sind einfache Nachtquartiere vorhanden. Der Anfängerkurs kostet 69 Euro. Voranmelden nicht vergessen!

12 **Tauchbasis Stechlin • Fischweg 2, 16775 Stechlin • tauchbasis-stechlinsee.de**

Mit 26 PS durch die Seenplatte Gas geben im Knatter-Trabi

→ **Ostalgie auf vier Rädern – im Trabbi geht's on Tour**

Es ruckelt und holpert, stinkt und macht Spaß. Eigentlich ungewöhnlich. Doch hier wird eine Erkundungsfahrt durch die Müritz-Region zu einem unvergesslichen Erlebnis. Denn die Ausfahrt findet in einem Trabant statt. Wer schon immer mal wissen wollte, wie es sich in und mit einer rostfreien Rennpappe so fährt, der hat bei *TrabiTrip* die Möglichkeit, solch ein Gefährt aus vergangenen DDR-Zeiten zu leihen. Vier kultige Trabant 601 gehören zur Flotte des Unternehmens. Es gibt ihn sogar als Cabrio-Version. Die Deluxe-Variante bietet Kopfstützen für Fahrer und Beifahrer, eine Autoradiovorbereitung, Ausstellfenster und fetzige Chromblenden. Davon hätten vor 1989 alle im Osten geträumt.

Vor allem für Trabi-Neulinge ist die Liste der Eigenheiten des stinkenden Zweitakters lang. Es fehlen Gurte und Kopfstützen im Fond, das Gaspedal befindet sich fast im Fußraum des Beifahrers, der Motor verträgt nur ein Gemisch im Verhältnis 1:50 und die hakelige H-Schaltung mit vier Gängen direkt neben dem Lenkrad ist gewöhnungsbedürftig. Doch nach umfangreicher Einweisung durch TrabiTrip-Inhaber Stefan Nitsche kann es losgehen. Ach, Halt. Der Benzinhahn im Fußraum muss natürlich noch geöffnet werden. Jetzt aber los! Verschiedene Ziele stehen zur Auswahl.

INSIDER-TIPP
Ostalgie im Doppelpack

Wenn du die volle Ladung Ostalgie möchtest, dann schau auch gleich im *DDR-Museum* in Malchow vorbei.

Für 350 km Fahrspaß langt der Tankinhalt. Und für vier Personen bietet der Trabant auch Platz – mit Kuschelfaktor. Die Mietpreise beginnen bei 65 Euro für vier Stunden. Die Ganztagestour im Cabrio kostet 110 Euro.

13 **TrabiTrip • Liepener Str. 4, 17194 Hohen Wangelin • trabitrip.de**

14 **DDR-Museum im Filmpalast • Kirchenstr. 25, 17213 Malchow • ddrmuseum-malchow.de**

MÜR S 502
WRN K 172

MÜR XJ 35

Flieger, grüß' mir die Sonne Segelflug über die Müritz

Ein bisschen mulmig ist's einem schon, wenn sich die riesige Glashaube über der engen Kanzel des Segelflugzeugs schließt. Geht das alles gut? Anschnallen ist Pflicht und ein Rettungsschirm wird auch auf den Rücken geschnallt. Das macht es irgendwie nicht besser. Norman, der Pilot, erweckt aber einen entspannten, routinierten Eindruck. Das beruhigt zumindest ein bisschen. Trotzdem herrscht angespannte Stille, dann kommt der Start. In den Sitz gepresst, wird der Flieger von einer Seilwinde hochgezogen, schon nach wenigen Metern hebt das 500 kg schwere Fluggerät ab. Wirklich steil geht es in den Himmel hinauf. Auf 1000 m Flughöhe klinkt das stählerne Schleppseil aus und wir gleiten geräuschlos auf den weißen Schwingen durch die Lüfte. Nur der Wind säuselt leise um die Kanzel. Die innere Anspannung verfliegt schlagartig, weicht einem grenzenlosen Glücksgefühl.

← Wie im Rausch: Hoch über der Seenplatte sprudeln die Endorphine

Unten liegen die großen Seen, Wälder und Felder der Mecklenburgischen Seenplatte. Frei, frei, frei klingt es im Kopf. Ruhig liegt der Segler in der Luft, die Sonne scheint, es ist fantastisch. »Die Thermik meint es heute gut mit uns«, meint Norman, der Segler bleibt lange oben. Wir ziehen unsere Bahnen über die Müritz. Nach 35 Minuten trudelt das Flugzeug langsam abwärts und Norman setzt zur Landung an. Sanft gleiten wir auf die 800 m lange Grasbahn. Reinhard Mey hatte Recht. Euphorisch, mit einem Lächeln im Gesicht, denkt hinterher manch einer über eine Ausbildung zum Segelflieger nach. Die Gelegenheit zum Mitfliegen gibt es beim *Warener Luftsportverein* jeden Samstag um 10 Uhr. Am besten kontaktiert man vorab den Verein.

15 **Warener Luftsportverein • Flugplatz Waren-Vielist, 17194 Vielist • waren-lsv.de**

Ballern mit Strategie
Im Paintball Park

→ **Paintball ist ein ziemlich buntes Vergnügen. Damit es schmerzfrei bleibt, gibt es Schutzmasken**

Du wolltest schon immer mal mit reifen Tomaten oder Sahnetorte um dich werfen, doch die Sauerei ist dir zu groß und die Lebensmittel sind dir zu schade? Dann ist Paintball die Erfüllung all deiner verwegenen Wünsche.

Bei diesem strategischen Mannschaftssport geht es darum, sich geschickt in die gegnerische Zone vorzukämpfen und die dort postierte Flagge zu erobern. Das gegnerische Team wird mit Farbmunition aus einer Druckluftwaffe, auch Air-Gun genannt, beschossen. Im *Paintball Park Rühlow* können sich Mann und Frau auf über 10 000 m^2 und vier verschiedenen Parcours austoben. Die Teams bestehen aus drei bis sieben Spielern, die mindestens 18 Jahre alt sind.

Wird der Parcours freigegeben und das Spiel beginnt, steigt unweigerlich der Puls, der Atem geht schneller. Hindernisse bieten Schutz vor den gegnerischen Farbkugeln, den Paintballs. Ein Treffer ist normalerweise schmerzfrei, lässt sich aber dank kräftigem Farbklecks aus Lebensmittelfarbe nicht verbergen. Für den Getroffenen ist die Runde vorerst beendet. Für den Rest der Mannschaft geht es weiter. Eigene Regelungen können unter den Teams festgelegt werden. Eine Runde dauert je nach Teamgröße, Geschick und Treffsicherheit zwei bis fünf Stunden. Schüsse aus unter 5 m Entfernung sind nicht gestattet, da schmerzhaft, und führen zur Disqualifizierung des Schützen.

Für das Spiel kannst du endlich deine alten Klamotten im Kleiderschrank ausmisten, feste Schuhe nicht vergessen! Air-Gun, Paintballs und Schutzmaske werden gestellt. Die Preise beginnen bei 25 Euro pro Person. Eine Voranmeldung ist erforderlich.

16 **Paintball Park Rühlow • Rühlower Damm 1, 17039 Rühlow • paintball-nb.de**

Kräftig in die Pedale treten Tour um den Plauer See

Wenn du Lust hast, dich mal richtig auszupowern, solltest du dir die wilde *Radtour um den Plauer See* vorknöpfen – perfekt fürs Mountainbike oder Crossbike. Der Radrundweg ist 55 km lang, die reine Fahrzeit beträgt vier bis fünf Stunden. Unterwegs kommst du an tollen Badestellen und Boxenstopps vorbei. Wer kein eigenes Bike hat, kann eins bei Fahrrad Luchs in Plau leihen (Steinstraße 38, fahrrad-luchs.de). Ein Crossbike kostet 13 Euro, ein Mountainbike 15 Euro pro Tag. Von dort bist du ruckzuck am Radweg. Ein guter Startpunkt ist das Strandhotel Plau am See. Solltest du mit dem WoMo unterwegs sein, kannst du es gleich nebenan am Stellplatz des Strandbads (GPS: 53.448466, 12.281456) parken und erst mal in den See hüpfen.

Nun geht es aber los. Auf der Südroute um den See kannst du auf dem noch nicht ausgebauten Waldstück zwischen Bad Stuer und Suckow gleich so richtig losbrettern. Der Weg ist schmal und hat es geregnet, lässt du den Matsch aus dem Hinterrad spritzen. Das erste Highlight auf der Rundtour ist die achteckige Fachwerkkirche in Zislow – ein romantisches Plätzchen am See. Über den Ferienpark Lenzer Höh und den Naturcampingplatz Malchow geht es entlang des Tauchowsees weiter bis nach Alt Schwerin mit dem Agroneum. Wer viel Power hat, kann die Tour ab Jürgenshof um 11 km verlängern und einmal komplett um die Werder Halbinsel düsen. Die Pisten sind naturbelassen und ideal für dein sportliches Workout.

Hunger? Die Kleine Kneipe beim Insel Camping Werder ist Kult! Über den Aussichtspunkt Moorochse im Naturschutzgebiet Nordufer Plauer See und Quetzin – mit einer Schauimkerei, bei der du leckeren Honig fürs Frühstück kaufen kannst – kommst du wieder zurück nach Plau.

← **Radeln am Plauer See ist kinderleicht – du musst es ja nicht immer eilig haben**

← **Badestellen locken mit einer Erfrischung**

INSIDER-TIPP
Honigsüßer Abstecher

17 **Radtour um den Plauer See • Startpunkt: Strandhotel Plau am See • Seestr. 6, 19395 Plau am See**

Paddeln im Rudel
Der 1000-Seen-Marathon

→ **Achtung, Kollisionsgefahr! Beim 1000-Seen-Marathon ist jede Menge los**

Jedes Jahr wird die Paddelsaison an der Seenplatte mit einem Großevent ausgeläutet: Mitte September treten an der Neustrelitzer Kleinseenplatte Hunderte von Profikanuten und Hobbypaddlern zum 1000-Seen-Marathon an. 1000 Seen? Ja wirklich, zählt man sie alle, kommt das in etwa hin.

Der Marathon führt allerdings nicht über alle Seen, das wäre selbst für die paddelverrückten Mecklenburger ein bisschen heftig. Der Titel steht vielmehr stellvertretend für alle Seen der Platte, die nach einer hitzigen Sommersaison in den wohlverdienten Winterschlaf gehen. Also wollen alle nochmal aufs Wasser: Vom familiären Bungalowboot bis hin zum Hightech-Rennboot, vom Faltboot bis zum Stand-Up-Board, vom Kajak bis Kanadier – das gemeinschaftliche Paddeln, egal wie und womit, steht im Vordergrund und soll vor allem eins machen: Spaß.

Massenstart ist auf dem Großen Peetschsee, Ziel ist der Labussee. Gewählt werden kann zwischen Halbmarathon über 21 km, Marathon über 42 km und Langstrecke mit stolzen 63 km. Jeder darf mitmachen, manche sind erst zwei, andere schon über 80 Jahre alt. Am Startfloß wird die Startnummer gezeigt, dann wird in mehreren Blöcken, je nach Distanz, gestartet.

Das Ambiente rund um die von *Bibertours* ausgerichtete Aktion auf dem Wasser ist eine Mischung zwischen Wiesenfestival und Messe: Aussteller präsentieren Boote und Material, Anglerausstatter die neuesten Köder, Touranbieter sind dabei und Hotels stellen sich vor. Nach dem Rennen feiern alle bei Livemusik und Lagerfeuer den Abschluss der Paddelsaison und freuen sich auf die Tombola.

18 **Bibertours • Natur-Campingplatz C24 • Diemitz Schleuse 1, 17252 Mirow • 1000seen-marathon.com**

Allein mit Tiger, Affe & Co. Übernachten im Zoo

← Vom herrlich schrägen und superurigen Baumhaus hast du den Schweriner Zoo im Blick

Es ist mitten in der Nacht. Im Affengehege ist ein Streit entbrannt, der von Geschrei begleitet wird. Dumpfes Gebrüll des Tigers beendet das Affentheater. Stille legt sich über den Schweriner Zoo. Schnell schläfst du in deinem bequemen Bett wieder ein. Moment mal: Bett im Zoo?

Aber ja, im *Schweriner Zoo* kannst du eine ganze Nacht bei den tierischen Freunden verbringen, mit allem drum und dran. In luftiger Höhe steht sie, die Forscherhütte von Alexander von Humboldt – natürlich kein Original, aber wie man sie sich vorstellen könnte. Alles ist aus Holz und wunderbar rustikal: windschiefe Fenster, Astzäune um Open-Air-Terrassen, Hängebrücken und Strohdächer machen schon von außen einen verrückten Eindruck. Innen geht es weiter. Auf zwei Ebenen finden bis zu sechs Gäste ein komfortables Heim für das tierische Abenteuer. Die Räume sind detailliert gestaltet mit Lampen, Vorhängen und vielen hölzernen Abstellflächen. Die Betten – bequem! Von der Dachterrasse kannst du bei einer morgendlichen Tasse Kaffee die Tiere beobachten. Sicherlich musste der allseits bekannte Forschungsreisende von Humboldt mit weniger Komfort auskommen.

Besonderes Highlight für die Baumhausgäste ist eine nächtliche Safari über das Zoogelände. Wenn alle Besucher weg sind und es dunkel wird, ist manch Zoobewohner aktiver und zutraulicher. Man erlebt die Fütterung der Wölfe und erhält einen Einblick ins Schlafzimmer des Großen Ameisenbärs. Der Zoopark kann natürlich auch an den Tagen vor und nach der Übernachtung ausführlich erforscht werden. Fernglas und Lupe nicht vergessen.

19 **Schweriner Zoo • An der Crivitzer Chaussee 1, 19061 Schwerin • zoo-schwerin.de**

Gestresst? Dann tief durchatmen, Ommm, die entspanntesten Auszeiten liegen gleich hier um die Ecke. Schäfchen zählen auf der Weide, mit der Kutsche durch die Heide, übernachten im Rapunzelturm. Hier findest du ganz schnell wieder zur eigenen Mitte.

Die ruhigen Ecken

Entspannen von minimalistisch bis luxuriös

In einer klaren Nacht

Sternstunde in der Nossentiner/ Schwinzer Heide

→ Zu schön zum Schlafen: Das Band der Milchstraße glitzert über dem Goldberger See. Aber auch der Sonnenaufgang kann sich sehen lassen

Vor allem Stadtmenschen sind überwältigt, wenn sie aus ihrer erleuchteten City aufs Land kommen und in den Nachthimmel blicken. »Oh« und »Ah« wispern sie durch die Nacht, als hätten sie jahrelang keine Sterne mehr gesehen.

Die Seenplatte ist für einen Blick in den Nachthimmel prädestiniert. Keine Großstadt entsendet ihr Flimmern, überall nur Wald und dunkle Seen. Kein Wunder, dass sich in wolkenlosen Nächten Milchstraße, Großer Wagen, Orionnebel und Co. von ihrer funkelndsten Seite zeigen. In der dunklen Jahreszeit lassen sich die Sterne am besten beobachten, denn die Sonne verschwindet früh.

Der *Naturpark Nossentiner/Schwinzer Heide* ist besonders dunkel. Grund genug für eine geplante Zertifizierung als Sternenpark durch die International Dark Sky Association (IDA). Damit das klappt, müssen sich die Gemeinden in dem Gebiet, etwa Dobbertin und Neu Poserin, auf ein gedimmtes Beleuchtungskonzept einlassen. Das würde nicht nur die natürliche Dunkelheit schützen, sondern auch einen sanften Astro- und Gesundheitstourismus ankurbeln. Je dunkler die Nacht, desto besser schlafen wir. Das Schlafhormon Melatonin sorgt für einen ausgewogenen Tag-Nacht-Rhythmus und hat positive Effekte auf unsere Gesundheit. Hobbyastronomen und Gesundheitsbewusste besuchen gern die dunkle Heide. Nächtliche Himmelsbeobachtung und Workshops in Astrofotografie werden vom Naturpark organisiert, Sternenbeobachtungsplätze wurden geschaffen. Zurücklehnen und staunen!

1 **Naturpark Nossentiner/Schwinzer Heide • Infozentrum Karower Meiler, Ziegenhorn 1, 19395 Karow • naturpark-nossentiner-schwinzer-heide.de, sternenpark.nossentiner-schwinzer-heide.de**

Ruhe finden in der Herde Auf Alpakawanderung

Ein sandiger Waldweg liegt vor dir, deine Füße folgen ihm ins dichte Grün. Deine Augen genießen die durch die Blätter funkelnden Sonnenstrahlen, während deine Hand in kuschelweiches Fell eintaucht und deine Ohren ein leichtes Kauen und Schmatzen vernehmen. Bei einer Alpakawanderung mit *Müritz Alpaka* oder *Fleesensee Alpakas* bist du nie allein. Dein kuschliger Begleiter läuft stets an deiner Seite – denn das ist das Prinzip beim Alpakawandern: Die Wollbündel, die ursprünglich aus der chilenischen Hochebene stammen und zu den ältesten Nutztieren der Welt gehören, sind gern stundenlang zu Huf unterwegs. Ist auch der Wanderer gut zu Fuß, gefällt das den Tieren umso besser.

← Neugierig beäugen die Alpakas vor der Wanderung ihre menschlichen Besucher – die Revanche folgt sogleich

Von weiß über beige bis braun, grau und schwarz reicht die Farbpalette in einem Alpakazug. Das Leittier läuft mit seinem Wanderfreund immer vorn und gibt das Tempo für die »Herde« vor. Das ist meist gemächlich, sodass man dabei wunderbar entspannen kann. Durch das ruhige Wesen der Tiere haben Alpakawanderungen eine therapeutische Wirkung, helfen bei Burn Out, Depression oder dabei, einfach mal runterzukommen. In den Hofläden der Alpakafarmen wird die weiche und widerstandsfähige Wolle zu hochwertigen Produkten verarbeitet. Vom Baby-Body über Schals, Mützen, Handschuhe bis hin zum Mumienschlafsack entsteht bei Müritz Alpaka alles in echter Handarbeit.

2 **Müritz Alpaka • Parkstr. 11, 17219 Ankershagen • mueritzalpaka.de**

3 **Fleesensee Alpakas • Lebbiner Str. 5, 17213 Penkow • fleesensee-alpakas.de**

Hoch auf dem gelben Wagen In der Kutsche durch die Heide schaukeln

→ **Auf einer Kutschfahrt mit Dirk Kroeger kannst du wunderbar die Seele baumeln lassen**

Der gelbe Kremser fährt zwar nicht für die Deutsche Post. Gelb ist er trotzdem und das Lied wird gern von *Hermann Pries*, dem Kutscher, angestimmt. Seit über 25 Jahren nimmt er Gäste mit auf Tour. Seine selbst gezogenen Mecklenburger Warmblüter sind stattlich und wohl gepflegt. Ob nur zu zweit eine verträumte Stadtrundfahrt durch Plau am See oder wildromantisch über die alten Alleen zum Marienfließ, einer 3000 ha großen Heidelandschaft, Hermann weiß so einiges über die Geschichte der Müritzregion zu berichten und kennt jede Menge Anekdoten.

Spontane Tagestouren starten immer um 9.30 Uhr am Hof. Kurzfristig anmelden und ab geht es mit bis zu sieben Gästen auf der historischen Vis-à-vis-Kutsche durch Wald und Flur. Entspannung pur. Kein Netz. Offline sein und einfach mal abschalten. Ziel ist das Gasthaus Ottoquelle. Dort tischt die Wirtin hausgemachten Mecklenburger Rippenbraten »aus dem Rohr« auf. Für die Rückfahrt wird frisch gebackener Blechkuchen eingepackt. Die vierstündige Fahrt in der Vis-à-vis-Kutsche kostet 150 Euro, der dreistündige Ausflug im bis zu 20 Personen fassenden Kremser, einem Planwagen mit großem Tisch in der Mitte, 180 Euro.

Nicht minder schöne Touren gibt es in und um Röbel an der Müritz. *Dierk Kroeger* entführt dich ganzjährig mit seinem Gespann in die traumhaften Landschaften der Region. Entspannung ist auch hier garantiert.

4 **Kutschfahrten Hermann Pries • Steinstr. 63, 19395 Gnevsdorf • kutschfahrten-mueritz.de**

5 **Kutschfahrten Dierk Kroeger • Roßstr. 9, 17207 Röbel/Müritz • kutschfahrten-roebel-mueritz.de**

Tief durchatmen Im Quetziner Heilwald

← Gar nicht so einfach – Feder-Balancier- und Schultertrainer fordern dich heraus

Wenn man sich schlapp fühlt und ausgebrannt ist, nicht mehr durchschlafen kann, das Ohr fiept und das Auge zuckt, alles nur noch stresst und man das Gefühl hat, der Burn Out ist nicht mehr weit, dann hilft nur noch eins: ab in die Natur! Genau hier setzt der Heilwald an. Er liegt im Norden von Plau am Westufer des Sees im Naturschutzgebiet *Quetziner Tannen* mit vielen hohen Kiefern, Küsten- und Weißtannen, aber auch Laubbäumen wie Eichen, Buchen und Douglasien. Hier ist Natur, hier ist der Wind, die Sonne, Einsamkeit und Ruhe. Ein Ort, wo man runterkommen kann, Entspannung findet.

Damit der Heilwald seine volle Wirkung entfalten kann, wurde ein Walking-Pfad angelegt, denn Bewegung an der frischen Luft vollbringt Wunder. Ein Fitnessparcour mit verschiedenen Schwierigkeitsstufen ist für alle da, die sich durch das viele Büro-Gehocke körperlich mal wieder vom kleinen Zeh bis in die Nackenmuskeln auspowern wollen. Probier z. B. den Feder-Balanciertrainer, das Rudergerät oder den Wackelstiegtrainer aus. Nachdem du dich mal wieder ausgelassen und ohne Hetze getrimmt hast, entspannst du auf dem hölzernen Loop-Outdoorsofa und schaust in die Baumkronen.

Wer nicht so viel powern, sondern mehr die Natur um sich herum genießen will, spaziert auf dem Naturlehrpfad, der in die Nordic-Walking-Strecke integriert wurde. Beides zusammen ist 3,5 km lang. Unterwegs stehen Schilder mit Infos über die Pflanzen- und Tierwelt im Wald. Das relativ feuchte Klima ist durch die Nähe zum See in Verbindung mit den Kieferduft gesund für die Atemwege und kurbelt den Kreislauf an.

6 **Quetziner Tannen • Quetziner Str. 90, 19395 Plau am See • heilwald-plau.de**

Hawaii und Hamam
Wellness deluxe

→ **Darf auch mal sein – sich verwöhnen und einfach nur treiben lassen …**

Draußen regnet es und du hast Lust auf Verwöhnen und Entspannen, willst mal die Seele baumeln lassen? Dann ist die *Müritztherme* bei Röbel goldrichtig für dich. Hier kannst du dem schlechten Wetter entfliehen, reist bei einer Hawaiimassage auf die warme Insel im Pazifik oder mit der Chi-Yang-Ganzkörpermassage nach Fernost. Ganz ohne Reisestress, dafür im tropischen Ambiente der modernen Thermenanlage.

Wer es noch exklusiver mag, besucht die riesige Spa-Landschaft des *Schlosshotels Fleesensee*, eines der deutschlandweit größten Day-Spas (Tageskarten ab 59 Euro, für Hotelgäste kostenlos, Mindestalter: 14 Jahre). Von Massage über Maniküre bis hin zum Medical Spa – hier finden Körper und Geist Ruhe, verspannte Muskelpartien werden verwöhnt. Die kreislaufschonende Biosauna ist für Einsteiger ideal, während es in der finnischen Sauna mit 90 °C heiß hergeht. Fürs Orient-Feeling sorgt die Dampfsauna. Aber das ist noch nicht alles: Ob Babymoon, Freundinnenzeit oder Männerrunde – du hast die Wahl zwischen Basaltsteinmassagen mit Chakren-Ölen, Fußreflexzonenmassagen, exotischer Ayurvedakur oder Ganzkörpermassagen. Und strahlend schön lockt nach all dem ein romantisches Abendessen im Schlosshotel.

INSIDER-TIPP **Familienspaß gibt's auch**

Doch auch jüngere Gäste kommen auf ihre Kosten. Perfekt für Familien ist das nagelneue *BEECH Aquafun* unweit vom Schloss. Die beliebte Wasserwelt mit einer 52-m-Rutsche, Strömungskanal, Sprudelsitzen und einem Außensolebecken lässt keine Langweile aufkommen, während Mama und Papa in einer der Saunas oder im Fitnessraum neue Kräfte sammeln.

7 **Müritztherme • Gotthunskamp 14, 17207 Röbel • mueritztherme.com**

8 **Schlosshotel Fleesensee • Schlossstr. 1, 17213 Göhren-Lebbin • schlosshotel-fleesensee.com/de/spa/**

9 **BEECH Aquafun • An der Therme 1, 17213 Göhren-Lebbin • spaworld-fleesensee.de**

Rapunzel, lass dein Haar herab Schlummern im Wasserturm

Auf dem Nesselberg bei Waren ragen Ziegelsteinmauern gut 35 m weit gen Himmel. Ganz oben, unter dem spitzen Kegeldach, thront sichtbares Fachwerk und eine umlaufende Empore. Diese gehört zu mehreren Ferienwohnungen, hoch oben wie ein Vogelnest, mit Blick über die Stadt. Der alte *Wasserturm von Waren* ist heute ein bewohnbares Industriedenkmal und steht unter Denkmalschutz. Bis das geschafft war, floss viel Wasser durch die 175 m^3 fassenden Tanks des Turms.

← Von außen wirkt der alte Wasserturm wie ein verzaubertes Gebäude, innen bietet er schicke Ferienwohnungen

Der Beschluss zum Bau wurde 1896 gefasst. Schon ein Jahr später konnte der Turm den Betrieb aufnehmen und die Wasserversorgung für gut 200 Hausanschlüsse übernehmen. Nur zwei Jahre nach Inbetriebnahme geschah das schier Unglaubliche. Der Wasserturm brannte komplett ab. Ein heißes Ofenrohr hatte das Fachwerk in Brand gesetzt und die Pumpen der Feuerwehr waren für die Höhe des Gebäudes einfach zu schwach. Der Wiederaufbau erfolgte prompt und bis 1963 versorgte der Turm die Umgebung zuverlässig.

Danach war Ruhe, die Häuser ans städtische Kanalsystem angeschlossen, der Turm ein Lost Place. Bis die findige Initiative »Bewahren« das ungenutzte Gebäude kaufte und ein passables Konzept in der Tasche hatte. Nach aufwendigen Umbauarbeiten beherbergt der Wasserturm nun Gäste in vier hochwertig gestalteten Ferienwohnungen. Rostige Elemente, wie Rohrleitungen, Aufhängungen und Tankwände, blieben in jeder Wohnung als Stilmittel erhalten. Die Abendstimmung auf der Terrasse zu verbringen, ist einmalig, man fühlt sich unendlich fern von der restlichen Welt, die dir zu Füßen liegt. Ein Aufenthalt in und um den landschaftlich herrlich gelegenen Turm – ungewöhnlich und unvergesslich. Die Übernachtungspreise beginnen bei 100 Euro.

INSIDER-TIPP
Die Welt zu deinen Füßen

10 **Wasserturm Waren • Auf dem Nesselberg 1, 17192 Waren • bewahren.org**

Mit allen Sinnen
Familienwanderung durch den Nationalpark

→ **Über Stock und Stein – einen Nationalpark erkunden kann manchmal echt abenteuerlich sein!**

Die einzigartige Flora und Fauna des Müritz-Nationalparks breitet sich auf 322 km² aus. Diverse Biotope teilen sich das weitläufige Areal. Um die Pflanzen- und Tierwelt besser entdecken, erkunden und verstehen zu können, ist eine Tour mit fachkundigem Natur- und Landschaftsführer genau das Richtige.

Sabine Görmar nimmt große und kleine Gäste mit auf *Familientour in den Müritz-Nationalpark*. Passend für diese Zielgruppe ist ihre Tour kurzweilig und spannend. Sabine ist zertifizierte Wildnispädagogin und kennt das Gebiet des Nationalparks wie ihre Westentasche. Auf ihrer zweistündigen Wanderung zeigt sie, wie man die Natur versteht. Hören, sehen, tasten, schmecken, riechen – alle Sinne werden gefordert. Man erfährt, welche Pflanzen essbar sind, und kann auch mal probieren, wie wilder Sauerampfer schmeckt oder Tannengrün. Zeigerpflanzen zeigen tatsächlich etwas an, z. B. die Bodenbeschaffenheit. Vogelmiere wächst auf stickstoffreichem Boden, Heidelbeere auf saurem. Wie Natur duftet, macht Sabine ebenfalls bewusst. Alles hat seine eigene Note, mal intensiv, mal sanft, und Tiere wissen ganz genau, was sie zu sich nehmen dürfen und was nicht. Wieso? Sabine fragen!

Die Wanderung startet jeden Sonntag um 15.30 Uhr, führt in 1,5 km über leichtes Terrain und ist für Kinder gut machbar. Voranmeldung nicht vergessen und feste Schuhe. Es geht durch dichte Wälder zu schillernden Seen und schmatzenden Mooren. Ein eigenes Fernglas ist auch nicht schlecht.

11 **Familienwanderung im Müritz-Nationalpark • Treffpunkt: Campingplatz Hexenwäldchen, 17252 Blankenförde • sabine-goermar.de**

Sanfte Melodien auf der Wiese Liederfestival in Thomsdorf

↓ **Gemütliches Beisammensein, Picknick und Konzert – das Liederfestival Thomsdorf bietet alles**

Wenn Sommer ist und die Spätnachmittagssonne an einem Freitag im August einen lauen Abend ankündigt, ist es wieder so weit: Drei Tage lang wird das *Liederfestival in Thomsdorf* gefeiert. Auf dem Programm stehen Musik, frische Luft und gute Laune. An der Badestelle am Carwitzer See ist eine Bühne aufgebaut, Wimpelketten flattern im Wind, ein kleiner Wald und ein Feld bilden die Kulisse und auf der schräg ansteigenden Wiese tummeln sich die Zuschauer auf Decken oder im Gras. Idyllisch. Relaxt. Und schon in Brandenburg. Wer jedoch den Fuß in den See steckt, steht mit einem Bein in Mecklenburg.

Im Halbkreis stehen Bierwagen und Imbissstände, es gibt vegane Suppen, Wildbratwürste und dunkles hausgemachtes Körnerbrot. Bei der Organisation und dem Catering ist der Kunsthandwerkerhof Thomsdorf natürlich mit von der Partie. Gerd Epmeyer hat das Festival ins Leben gerufen, das sogar 2020 trotz aller Widrigkeiten stattfand und zwar zum achten Mal. Eine kleine Erfolgsgeschichte in dem einsamen Landstrich.

Auf der Bühne stehen oft weniger bekannte Musiker. Auch das macht das besondere Flair aus. Nicht nur Tanzen und Feiern sind angesagt, sondern auch leise Töne, sanfte Melodien, die Stimmen der Künstler und natürlich ihre Texte. Wenn allerdings Bands wie Hasenscheiße, das Skazka Orchestra oder Unbekannt verzogen auftreten, groovt und rockt die Wiese. Und das ist toll.

12 **Liederfestival Thomsdorf • Milchstr. 2, 17258 Thomsdorf, Feldberger Seenlandschaft • Kartenvorverkauf im Kunsthandwerkerhof • liederfestival-thomsdorf.de**

Es ist angerichtet
Picknicken auf Riesensteinen

→ **Hünengräber sind gut zum Klettern geeignet – oder zum Picknicken**

Egal ob Fahrradtour, ein Tag auf dem Kanu oder bei einer Wanderung durch Felder und Wiesen: Ein gemütliches Picknick ist eine handfeste Sache, am besten eingedeckt mit Leckereien aus einem der vielen Hofläden.

Doch wie wäre es mit einem Picknick an einem ungewöhnlichen Ort? Wenn man durch die Seenplatte streift, fallen sie immer wieder auf: große Findlinge, die auf den Gletschern der letzten Eiszeit vor 20 000 Jahren von Skandinavien bis nach Mecklenburg geschippert wurden. Später machten sich die Menschen der Jungsteinzeit diese Monstersteine zunutze und bauten daraus Opfertische und Grabanlagen. Wie sie die Steine bewegten? Darüber kann man bis heute nur staunen. Riesen, wie man bis ins 19. Jh. glaubte, waren sie jedenfalls nicht.

Ein uriges *Großsteingrab* mit einem perfekten »Picknick-Dach« liegt versteckt in einem Wäldchen bei Klein Görnow. Makaber? Nicht im Geringsten. Dass hier jemand begraben lag oder Totenkult betrieben wurde, ist schon viele Tausend Jahre her. Das Hünengrab lässt sich gut bei einer Rundwanderung besuchen, die 9,2 km lang ist: Vom Parkplatz im Naturschutzgebiet Durchbruchstal der Warnow und Mildenitz sind es 3 km bis zum Grab. Weiter geht's über Eickelberg nach Klein Raden. Am Wasserwanderrastplatz Klein Raden kannst du sogar in der Warnow baden. Lass dich ein Stück von der Strömung mittreiben und klettere an der Brücke wieder raus aus dem Wasser. Dann das Ganze von vorn – sehr erfrischend! Entlang eines wilden Wanderwegs durch das Durchbruchstal geht es wieder zurück zum Parkplatz.

INSIDER-TIPP
Lass dich treiben

13 Großsteingrab Klein Görnow • an der Hünengrabstraße zwischen Groß Görnow und Eickelberg • GPS: 53.761018, 11.811460

2 km

Schäfchen zählen

Pause in der Schäferei Hullerbusch

Im gemütlichen Hofgarten der Schäferei Hullerbusch ist fast immer ein Plätzchen frei: in der Sitzgruppe aus abgerundeten Findlingen, auf alten Traktorsitzen oder an einer rustikalen Holzbank. Nur wenige kennen den schönen Weg, der sich vom Murkelei-Spielplatz im Fischerdorf Carwitz immer höher in Richtung Hullerbusch schlängelt. Vor allem mit dem Fahrrad ist die schmale Landstraße wunderschön zu fahren. Denn die Weite der hoch gelegenen Magerwiesen zwischen den Steilhängen am Schmalen Luzin und am Zansen strahlt eine unglaubliche Ruhe aus. Hier oben ist es einsam und friedlich.

Am ehesten trifft man hier eines der über 350 Rauwolligen Pommerschen Landschafe, die durch ihre schwarzfelligen Köpfe auffallen. Man hört ihr Blöken von fern oder entdeckt sie auf abgelegenen Wiesen mit Schäferin Josephine: »Die Wildkräuter, die hier oben wachsen, sorgen für eine natürliche Ernährung. Wir verzichten auf Kraftfutter, Medikamente und eine schnelle Mast. Das schmeckt man später, denn das dunkle Fleisch der Schafe hat ein feines, jedoch unverwechselbares Aroma.«

Der Familienbetrieb der *Schäferei Hullerbusch* hat sich der ökologischen Weidewirtschaft verschrieben. Für einen Snack zwischendurch kommt das Angebot im Hofladen gerade recht: es gibt Soljanka vom Schaf und Lammwiener. Auch Ziegen hält die Schäferei. Zum Nachtisch sollte man sich auf jeden Fall ein Ziegenmilcheis gönnen – auch in der Nougat-Variante köstlich. Die Schafwolle wird ebenfalls verarbeitet. In der Schäferstube gibt es Filzpantoffeln, Sitzkissen aus Schafwolle, wärmende Westen und mehr. Einfach Zeit zum Stöbern nehmen.

← Ein Schaf der Schäferei Hullerbusch sollte man sein …

← Vorsicht, Hindernisse auf vier Beinen!

INSIDER-TIPP
Nix zu meckern

14 **Schäferei Hullerbusch • Hullerbusch 2, 17258 Feldberger Seenlandschaft • schaeferei-hullerbusch.de**

Immer schön im Kreis Kneippen in Feldberg

→ **Das kribbelt! Gekneippt wird an der Marienquelle im Wald oder mit Blick auf den Haussee**

Bein hoch, Bein wieder runter, anderes Bein hoch und auch wieder runter. Wenn irgendwo in einem Wasserbecken Leute wie ein Storch umherstaken, leiden sie nicht an Einbildung, sondern tun sich etwas Gutes.

Sebastian Kneipp, ein katholischer Priester aus Bayern, machte das Wassertreten im 19. Jh. bekannt. Er selbst litt an Tuberkulose und fand in einem alten Buch Hinweise auf die heilende Wirkung kalten Wassers. Er probierte es an sich selbst aus, indem er wochenlang jeden Tag für einen kurzen Moment in der eiskalten Donau baden ging. Die Tuberkulose verschwand. Als Priester wandte er eiskalte Wasseraufgüsse bei vielen mittellosen Menschen an und wurde für seine alternativen Methoden von Ärzten und Apothekern angefeindet – nicht zuletzt als wirtschaftlicher Konkurrent. Doch nichts hielt ihn auf und schließlich kamen sogar Adlige und der bayerische Prinz höchstpersönlich zu Kneipp.

Wenn du im *Kurpark in Feldberg* in einem der Wasserbecken deine Runden drehst, hilfst du nicht nur deinem Herz-Kreislauf-System auf die Sprünge, sondern beugst auch vegetativen Störungen vor und stärkst deine Abwehrkräfte. Und wandelst gewissermaßen auf den Spuren eines Pioniers, Reformers und geistlichen Robin Hood. Dabei schaust du auf den Haussee – eine Kulisse, die perfekt dazu passt. Neben dem Kurpark gibt es eine weitere Kneippstelle an der *Marienquelle* im Wald auf dem Rundweg um den Haussee. Schuhe aus, kneippen bis es in den Beinen zieht, hinsetzen, in die Baumkronen schauen und dann noch eine Runde: Es tut wirklich gut.

INSIDER-TIPP
Mitten im Wald

15 Kurpark Feldberg • Kastanienallee 7, 17258 Feldberg, Feldberger Seenlandschaft

16 Marienquelle neben dem Kurpark • GPS: 53.353318, 13.434647

Dem Eisvogel auf der Spur Wanderung bei Bad Stuer

Seit mittlerweile vier Jahrzehnten ist diese Wanderung in Bad Stuer ein Klassiker. Die Eheleute Dreyer führen jeden Dienstag Naturliebhaber auf einer *Eisvogelwanderung* zu den geheimen Nisthöhlen der Vögel. Auf dem ehemaligen Gelände der Wasserheilanstalt kurierten sich bis in das frühe 20. Jh. betuchte Gäste und wandelten durch das Tal der Mühlen. Heute heißt es das Tal der Eisvögel. Von den sieben Mühlen, die hier einst klapperten, sind nur noch wenige Mauerreste sichtbar. Dafür sind die Eisvögel geblieben und scheinen sich hier, in gesunder Natur, wohlzufühlen. Und sie sind so wunderschön!

← **Und wo ist er denn nun, der Eisvogel?**

Die zweieinhalbstündige Eisvogelwanderung führt je nach Lust und Laune der Besucher 2–5 km querfeldein in und um das Tal der Eisvögel. An den lehmhaltigen Steilwänden haben die bunten Gesellen bis zu 2 m tiefe Tunnel gegraben, an deren Ende die Bruthöhle liegt. Dass man einen Eisvogel erspäht, ist fast gesichert. Ob im Flug, aus der Nisthöhle lugend oder auf einem Zweig am Bächlein lauernd. Mit etwas Glück sieht man den Vogel blitzschnell ins Wasser stürzen und mit einem Fisch im Schnabel entschwinden.

Nach der gelungenen Wanderung bieten verschiedene Lokale in Bad Stuer Gelegenheit für eine Pause. Im Regionalmarkt gibt es leckeren Mittagstisch. Gute Laune und festes Schuhwerk mitbringen. Um Voranmeldung wird gebeten. Wer anschließend noch den nahen Bärenwald besuchen möchte, bekommt einen Nachlass auf den Eintrittspreis.

INSIDER-TIPP
Bär für (fast) lau

17 **Eisvogelwanderung • Treffpunkt Seezeithotel, Seeufer 7, 17209 Bad Stuer • Tel. 0170 / 183 77 11**

Kranich auf dem Wasser Gleichgewichtsübungen beim SUP-Yoga

→ Alles im Gleichgewicht?

Es erfordert eine feine Balance, jede Menge Körpergefühl und eine gute Körperspannung: Stand Up Paddling, kurz SUP, ist die Relaxing-Sportart Nummer 1 an der Seenplatte.

Alles was man dazu braucht, ist ein mannshohes Board und ein Stechpaddel zum Vorwärtskommen. Stehend, auf Knien, im Liegen oder sitzend gleitet man dann geräuschlos und genüsslich über die Wasseroberfläche und nimmt die Umgebung aus einer ganz neuen Perspektive wahr. Wind ist dafür nicht nötig. Ein paar Muckis und Körperbeherrschung sind ausreichend. Easy zu lernen, easy zu leihen. Alles zu easy? Dann her mit einer Steigerung! Kindspose, herabschauender Hund oder gar Krähe oder Brücke – beim SUP sind sie sicherlich eine Herausforderung. SUP-Yoga heißt dieser neue Trend. Die Verbindung der beiden Sportarten führt zu einer Steigerung der Effekte. Durch das wackelnde Brett im Wasser werden auch tiefer liegende, kleinere Muskelpartien angesprochen. Der gesamte Haltungsapparat wird gestärkt und die Körperhaltung verbessert. Damit es beim morgendlichem Sonnenaufgang nicht zur unfreiwilligen Erfrischung im Wasser kommt, vermietet die kleine Surf- und Kanubasis Surf-Hecht Boek am östlichen Müritzufer Bretter für jede Gewichtsklasse, die besonders kippstabil und mit weicher Oberfläche versehen sind.

INSIDER-TIPP
Für Wackelkandidaten

Die wenigsten wissen, dass die Menschen schon seit Urzeiten auf langen Brettern über Gewässer schippern. Polynesische Fischer praktizierten es schon lange vor dem heutigen Trend. Allerdings mehr zum Transport von A nach B und zum Fischen. An Yoga war da sicher noch nicht zu denken.

18 **Surf-Hecht Boek • Dalmsdorf 6, 17237 Kratzeburg • surf-hecht.de**

JP

Wisente im Nebel Bei den sanftmütigen Riesen

Stell dir vor, du spazierst durch die Natur und auf einmal kommt schnaubend ein haariger Koloss um die Ecke, wie man ihn nur noch aus Indianerfilmen kennt. Wie sich das anfühlt, kannst du in Damerow erleben. Auf einer Halbinsel am Jabelschen See lebt eine Tierart, die heute in freier Wildbahn nicht mehr anzutreffen ist: der Wisent. Er wird auch europäischer Bison genannt und ist das größte Landsäugetier Europas.

← Zum Glück quicklebendig – vor 100 Jahren stand der Wisent noch kurz vor dem Aussterben

Auf 300 ha Wald und Wiese tummeln sich hier um die 30 Wisente. Ungefähr zehn Jungtiere kommen jährlich hinzu, denn zwei der drei Herden sind Zuchtherden. Im Frühjahr kann es durchaus passieren, dass du Zeuge einer Wisent-Geburt wirst.

Das *Wisentreservat Damerower Werder* wurde 1957 im Rahmen eines Forschungsprojektes in dem weitläufigen Gelände angelegt. So sollte der stark dezimierte Bestand geschützt und die Genreserve erhalten bleiben. Bis ins frühe Mittelalter waren die Riesen noch in unseren Wäldern unterwegs. Ihr stummer Blick hat eine beruhigende Wirkung. Tägliches Highlight ist die Schaufütterung um 11 und 15 Uhr. Geduldig beantwortet der Parkranger dann alle Fragen, während er Rüben, Kastanien, Schrot und Äpfel an die schnurpsenden Mäuler verteilt.

INSIDER-TIPP
Wild auf Wisent?

Im urigen Gasthaus am Parkeingang kannst du dir anschließend selbst eine Futterpause gönnen. Ab und an steht sogar Wisent-Burger auf der Speisekarte. Makaber? Nö, lecker! Kinder toben derweil auf dem Spielplatz und im Kletterwald. Das Reservat ist von Ostern bis Ende Oktober von 10 bis 18 Uhr, danach bis Ende Dezember nur an den Wochenenden geöffnet. Der Eintritt kostet 4 Euro, für Kinder bis 12 Jahren ist er frei.

19 Wisentreservat Damerower Werder • Zum Werder 5 b, 17194 Jabel • wald-mv.de

Von Troja träumen

Bei Schliemann zu Hause

Schon als Kind verschlang der junge Heinrich Bücher über Helden der Geschichte. Sein Elternhaus, ein wunderschöner Fachwerk-Ziegelbau mit großem Garten im Dorf Ankershagen mitten im Müritz-Nationalpark, war der perfekte Ort dafür. Mitten in der Natur, umgeben von Wind, Wasser, Erde und Luft, konnte er seiner Fantasie freien Lauf lassen. Dieser wunderschöne Ort steht heute jedem offen, denn hier befindet sich das *Schliemann-Museum*, an dem auch der 7,5 km lange Schliemann-Wanderweg mit Infotafeln beginnt.

INSIDER-TIPP
Noch mehr Schliemann

Überall stehen Bänke unter großen Bäumen, du spazierst über das weite Anwesen und kannst dir gut vorstellen, wie Heinrich mit seinen Geschwistern hier die großen Abenteuer von Odys-

seus & Co. nachgespielt hat. Wenn du diese unglaubliche Ruhe genug genossen hast, gehst du hinein ins alte Pfarrhaus und tauchst ein in die Welt des Heinrich Schliemann. Denn in einem seiner Bücher las der Kaufmann und Hobby-Archäologe zum ersten Mal von Troja. Mit 42 Jahren, es war das Jahr 1871, beschloss er, die Stadt zu finden und ein berühmter Forscher zu werden. Er machte sich auf den Weg in die heutige Türkei, buddelte alte Stadtmauern und Tore aus und fand einen Goldschatz! In der Ausstellung erfährst du die ganze Geschichte. Wer in Ruhe durchschlendern will, sollte zwei Stunden einplanen.

Danach ist aber wirklich der Schliemann-Wanderweg an der Reihe! Er führt vorbei am Schloss Ankershagen, der Havelquelle und dem Café Zum Storchennest im *Gutshaus Friedrichsfelde* mit Findlingsgarten und einer Storchenbeobachtungsstation – eine idyllische Pause.

20 **Schliemann-Museum • Lindenallee 1, 17219 Ankershagen • schliemann-museum.de**

21 **Gutshaus Friedrichsfelde • Am Nationalpark 10, 17219 Ankershagen • Tel. 015 22 / 868 40 94**

↓ Die Ausstellung im Schliemann-Museum zeichnet in Themenräumen Schliemanns Leben nach

Nur du und der See
Mit dem BunBo übers Wasser schippern

Man nehme eine Holzplattform, baue darauf ein eckiges Häuschen, lasse noch Platz für einen Grill, eine Hängematte und eine Absprungrampe ins Wasser – fertig ist das BunBo, das Bungalowboot. Die schwimmenden Ferieninseln sind Erholung pur bei hohem Spaßfaktor. Sie werden von einem leichten 15-PS-Motor angetrieben und sind für jeden Seefan nach kurzer Unterweisung fahrbar. Nur du und der See. Ruhe, Weite, Einsamkeit …

← Hat das Abendessen schon angebissen?

← Romantik pur und unendliche Stille …

Je nach Anbieter lassen es die BunBos an Komfort mehr oder weniger krachen. Eine Küche mit Sitzecke, ein Bad, Doppelbetten, Gasheizung, Solarpanel und Sonnenterrasse sind Standard. Für Romantiker bietet die *Aquare Charter GmbH* sogar eine Version mit Kamin. Es ist Zeit, loszulassen, zu entspannen, ein gutes Buch zu lesen und beim sanften Geschaukel wegzudösen. Chillen und grillen mit Freunden oder der Familie, das Leben auf dem Wasser genießen und in den Sonnenuntergang gleiten, rustikal und ohne Schnickschnack – das ist es, was die BunBos ausmacht. Abfahrt ist am Lychener Stadtsee, die Bunbos sind fast ganzjährig buchbar (für zwei, vier oder sechs Personen). Über das weitverzweigte Revier der oberen Havel können Mirow, Rheinsberg oder Neustrelitz erreicht werden.

Das Hausboot Tante Frieda vom *Yachtcharter Römer* liegt im Hafendorf Müritz. Vier Bunbo-Fans können mit Frieda ganz in Ruhe über die Seenplatte schippern.

22 **Aquare Charter GmbH, Berliner Str. 57 a, 17279 Lychen • bunbo.de**

23 **Yachtcharter Römer GmbH & Co. KG • Dorfstr. 7, 17209 Buchholz • yachtcharter-roemer.de**

Hier ist was los, hier steppt der Bär. Und du: mittendrin. Stürz dich rein ins pralle Leben, in die urigsten Events, die kultigsten Kneipen, die stimmungsvollsten Konzerte, die angesagtesten Festivals. Man lebt schließlich nur einmal!

Das pralle Leben

In Feierlaune das ganze Jahr

Karneval auf dem Wasser Die Badewannenrallye in Plau am See

Noch 'ne alte Wanne im Keller? Dann auf nach Plau am See! Der Plauer Badewannenverein – kein Witz – organisiert jedes Jahr eines der wohl verrücktesten Events der Seenplatte: die Badewannenrallye auf dem Fluss Elde mitten in Plau. Nach dem Motto »Mit Algen im Schuh und Moor im Ohr halten wir uns über Wasser von der Brücke bis zum Schleusentor« startete im Juni 1990 die erste *Plauer Badewannenrallye* mit 16 Booten. Die Rallyestrecke verläuft mottogetreu zwischen der »Hühnerleiter«-Schleuse und der markanten blauen Hubbrücke. Das sind 579 m – angelehnt an die Standarddistanz in Kanada. Dort wurde die Idee der Bade-

↓ **Je verrückter, desto besser – auf der Elde ist Fantasie gefragt**

wannenrallye nämlich geboren. Die Teilnehmer müssen beim Bau ihrer Boote die Wassertiefe von 2,50 m beachten und der Jury möglichst fantasievolle Eigenkreationen präsentieren. Drachenboote, die »Titanic«, schwimmende Einhörner und andere verrückte Ideen, wie die »Heißen Plauer Lümmel« auf einer Grillwurst-Plattform, treten an. Auch das Team soll möglichst crazy sein. Der Sieger kommt sogar in die Zeitung!

Wenn es los geht, wird gegen die Strömung gepaddelt – die ist allerdings moderat. Dafür haben es die Wasserschlachten in sich. Die Plauer vergleichen die Bedeutung ihres Festes für die Region durchaus selbstbewusst mit dem Münchner Oktoberfest und dem Karneval in Köln. Alle Wiesen entlang des Ufers sind dann mit Schaulustigen besetzt, jeder versucht einen der Top-Plätze auf einem Bootssteg zu ergattern. Abends wird weiter gefeiert beim traditionellen Badewannenball, wo man schon Pläne schmiedet für ein uriges Gefährt im nächsten Jahr.

1 Plauer Badewannenrallye • Strandstr., 19395 Plau am See • jährlich Mitte Juli • ilovewanne.de

Rocken zwischen alten Mauern Festival auf Burg Klempenow

Die mittelalterliche Burganlage von Klempenow liegt direkt am Ufer der ruhig dahinfließenden Tollense. Wuchtig ragt das Bauwerk aus gebrannten Ziegeln in die Höhe. Im 13. Jh. erbaut, erlebte die Burg höfisches Leben, ritterliche Schlachten, wurde zerstört und wiederaufgebaut.

Bereits seit 1991 erobert nun schon der Verein Kultur-Transit-96 die Burg mit friedlichen Absichten. Das Bauwerk wurde saniert und zum kulturellen Zentrum der Region gemacht. Vor allem die Neubrandenburger wissen das zu schätzen. Über das Jahr verteilt, finden zahlreiche Veranstaltungen statt: Märkte, Konzerte und Kinovorführungen, im Café kann man sich Kaffee und Kuchen schmecken lassen und im alten Kerker verkauft der originelle Hofladen Leckereien aus der Region. Im Dachstuhl hat eine Galerie ihren Platz gefunden. Es kann gecampt, geheiratet und gebetet werden.

Einmal im Jahr geht es in den alten Gemäuern aber auch richtig zur Sache. Immer im Juli hält das *Transit Festival* für drei Tage Hof. Rund 1000 Besucher genießen das Burgflair, rocken zu verschiedenen Bands und DJs, verlieben sich in Theater, Tanz und Talk. Lust auf einen Workshop? Auch das geht. Gelächter schallt durch laue Sommernächte, die Burg erstrahlt bunt im Nachthimmel und lateinamerikanische Klänge flirren durch die Luft. Spektakuläre Feuershows heizen die Stimmung an und Abkühlung bringt, nicht nur tagsüber, ein Bad in der Tollense. Der familienfreundliche Event bietet auch jede Menge Aktion für junge Gäste – vor allem der Wasserspielplatz kommt gut an. Gezeltet wird im mit Rosen bewachsenen Burggarten. Rundum drei tolle Tage. Das Festivalticket kostet 49 Euro inklusive Zeltplatz.

← Konzerte, Theaterstücke, Talks – das Programm des Transit Festivals ist vielfältig. Der Besuch der Burg lohnt sich aber jederzeit

2 Transit Festival • Burg Klempenow, 17089 Klempenow • jährlich im Juli • transit-festival.de

LAST ORDERS

Abends auf ein Bierchen Drei kultige Kneipen

Wer nach einem erlebnisreichen Tag auf dem Wasser oder mit dem Fahrrad immer noch nicht müde ist und Energie für einen Kneipenbummel hat, der wird auch an der Seenplatte nicht enttäuscht. Ohne *Schnick Schnack* geht es z. B. im gleichnamigen alten Speicher in Güstrow zur Sache. Der stets gut besuchte Laden mit urigem Ambiente schenkt sechs Biere vom Fass aus, sogar selbst zapfen ist erlaubt. Für den späten Hunger ist mit Ofenkartoffeln und hausgemachtem Sauerfleisch gesorgt. Im Obergeschoss darf geraucht werden.

Weiter westlich in Schwerin ist der *Freischütz* eine der Adressen mit authentischem Kneipencharme. Schummriges Licht, gemütliche Atmosphäre, frisch Gezapftes und gute Musik. Was will man mehr? Ach ja. Etwas zum Essen gibt es hier auch. Das knusprige Fladenbrot mit Zutaten nach Wahl ist megalecker.

Die letzte Bestellung gibt man in Neubrandenburgs *Last Orders Pub* auf. Das stilechte englische Pub ist aber nicht nur für einen Schlummertrunk gut. Der britische Wirt Jason zapft frisches Guinness und kühlen Cider und serviert Snacks für den nächtlichen Appetit. »Bierbegleitende Speisen« nennt er sie. Die würzigen Tacos passen tatsächlich bestens dazu. Regelmäßig gibt es Livemusik und Karaokeabende. Dann wird der Laden richtig voll. Wenn die Glocke ertönt, heißt es dann wirklich »Last order, please!« Das ist aber meist erst in den Morgenstunden.

← Very british – das Last Orders in Neubrandenburg

← Gelegenheiten für eine Hopfenkaltschale gibt es an der Seenplatte mehr als genug

INSIDER-TIPP
Provecho, guten Appetit!

3 Schnick Schnack • Baustr. 35 b, 18273 Güstrow • schnickschnack-guestrow.de

4 Zum Freischütz • Ziegenmarkt 11, 19055 Schwerin • zum-freischuetz.de

5 Last Orders Pub • Gerichtsstr. 2 b, 17033 Neubrandenburg • lastorders-pub.de

Zwischen Riesenrad und bunten Kostümen Wenn Waren feiert

→ **Voller Einsatz bei der Müritz-Saga**

Durchgeknallt! Na und? Die Einwohner von Waren lieben es, wenn ihre Stadt jedes Jahr Mitte Mai zur *Müritz Sail* kopfsteht. Vor der Kulisse des Hafens wird vier Tage alles zu Wasser gelassen, was möglich ist und dabei geht's immer um die Wette. Ob Drachenbootrennen, Segelregatta, Tauziehen auf dem Wasser, SUP-Wettkampf oder Schubkarrenrennen über nur 20 cm breite Bohlen – der Schnellste gewinnt und lustig ist's immer. Alle sind auf den Beinen und genießen das trubelige Flair rund um den Hafen. Wer neben Wasseraction mehr erwartet, kann sich freuen: Die »kleine Schwester der Rostocker Hanse-Sail« ist auch ein Fest für Landratten. Rund um den Hafen sind Fahrgeschäfte und Imbissbuden aufgebaut, das Riesenrad bietet den besten Blick aufs Geschehen.

INSIDER-TIPP
Luxusplatz mit Superaussicht

Doch Waren wäre nicht Waren, wenn es nicht noch ein Top-Event in petto hätte. Von Juni bis August findet die *Müritz-Saga* statt. Wer neugierig auf die Geschichte Mecklenburgs ist, kann in den Sommermonaten jeden Mittwoch bis Sonntag die Freilichtbühne auf dem Mühlenberg besuchen. Hier wird mit echten Schauspielern und Komparsen aus Waren ein Historienzyklus aus der Zeit des Dreißigjährigen Krieges gespielt. In bunten Kostümen, mit nachgestellten Schlachten und echten Pferden gibt es viel Action und tolle Effekte. Die Teile der Saga bauen zwar aufeinander auf, sind aber jeweils in sich abgeschlossen.

6 **Müritz Sail • Am Seeufer 26, 17192 Waren • jährlich im Mai • mueritzsail.eu**

7 **Müritz-Saga • Freilichttheater, Richard-Wossidlo-Str. 5 c, 17192 Waren • Juni–Aug. • mueritz-saga.de**

Bis der Steg brennt
Konzerte auf dem Wasser

→ **Musik vor traumhafter Naturkulisse: der Steg in Flammen**

19 Uhr, die Abendsonne legt sich über die Halbinsel Amtswerder. Von allen Seiten kommen Leute heran, zu Fuß, mit dem Fahrrad, sogar mit dem Boot – und alle haben dasselbe Ziel: den *Steg in Flammen*.

Um 19.30 Uhr ist Konzertbeginn auf der schwimmenden Bühne, ein paar Bretter, die sacht auf den Wellen des Haussees schaukeln. Die hölzernen Plattformen am Ufer mit DIY-Paletten-Couches samt dicken roten Auflagen sind ruckzuck besetzt. Die Abstelltischchen davor füllen sich nach und nach mit grünen Lübzer-Flaschen und Gläsern mit Sekt-Aperol – knallig orange leuchtet die Farbe in der untergehenden Sonne. Schließlich hat jeder ein Getränk oder einen Snack von der Imbisshütte und dann geht es auch schon los. Musiker betreten die 12 m² große Schwimmbühne, es wird geklatscht und die ersten Töne schweben über den See, passend zum Sonnenuntergang. 2009 hat Bistro-Chef Christian Bermes die Sommer-Konzertreihe Steg in Flammen ins Leben gerufen. Jedes Jahr lädt er seitdem Künstler von Jazz bis Klassik, Swing bis Rock, Irish-Folk bis deutsche Liedermacherszene nach Feldberg ein. Tritt abends die italienische Combo Jakkle auf, die regelmäßig den Steg rockt, hält es niemanden lange auf der Palette. Beachpartyflair erfüllt die Tanzfläche mit Seeblick. Wenn es dunkel wird, entzündet Christian die Fackeln, der Schwimmsteg steht in Flammen, die Atmosphäre erreicht ihren Höhepunkt.

INSIDER-TIPP
Spaghetti-Swing zum Abfeiern

Gegen 22.30 Uhr ist das Konzert zu Ende, glückliche Gesichter tummeln sich heimwärts oder zum Campingplatz und freuen sich schon auf den nächsten Donnerstag, wenn es wieder heißt: »Der Steg steht in Flammen.«

8 **Steg in Flammen • Bistro am See Ruhepuls, Amtsplatz 50, 17258 Feldberger Seenlandschaft • Sommersaison Juni–Okt. • ruhepuls.com**

Fürst Heinreich lädt ein Zum Ritterfest auf Burg Stargard

→ Auf Burg Stargard – auf zum Turnier!

Jedes Jahr im August klingen Dudelsack, Pauke und Schellen über den Burghof. Es ist wieder so weit: Das Mittelalter, Fürst Heinrich und seine Gefolgschaft werden beim *Ritterfest Burg Stargard* für ein paar Tage aufs Neue lebendig. In und um die imposanten Gemäuer der 750 Jahre alten Höhenburg wird jedes Jahr eine andere Episode aus dem Leben und der Geschichte der Burg in einem aufwendig gestalteten Historienspiel aufgeführt. Hunderte Mitwirkende in historischen Gewändern machen das Ritterfest zum einmaligen Spektakel.

Gäste von Nah und Abgesandte von Fern reisen an, um dabei zu sein. Ein großes Ritterlager wird aufgeschlagen. Es gibt viel Musik und Tanz, überall kann man passende Kleider, Kränze und Ritterhelme kaufen, um sich auch selbst authentisch zu fühlen. Ritterspiele wie Bogenschießen und Schwertkampf werden beeindruckend echt vorgeführt, der Höhepunkt der Spiele ist das Lanzenstechen, ein Zweikampfspiel mit Pferden.

Für den mittelalterlichen Schmaus ist mit knusprigen Spießbraten, deftigen Eintöpfen und gefülltem Brotlaib gesorgt. Kühles Bier und süßer Honigwein dürfen natürlich auch nicht fehlen. Handwerker und Händler mit Lederwaren, Tuch, Geschmeide und Keramik sorgen für ein buntes Markttreiben. Karten werden gelegt und Hände gelesen, Gaukler bringen die Besucher zum Lachen und die Falknershow Kinderaugen zum Leuchten. Vom 38 m hohen Bergfried siehst du das Burgspektakel aus der Vogelperspektive. Und den Kräutergarten – den schönsten Platz der ganzen Burg.

INSIDER-TIPP
Schnupper mal!

9 **Ritterfest Burg Stargard • Burg 1, 17094 Burg Stargard • jährlich am 2. Wochenende im Aug. • hoehenburg-stargard.de**

PROMAX

Hol den Drahtesel raus! Zum Fahrradkonzert nach Schwerin

← **Auf die Räder, fertig, los!**

Es klingelt, es hupt, Bremsen quietschen und Schutzbleche klappern. Beim Fahrradkonzert in Schwerin versammelt sich alles auf der Straße, was zwei Räder hat. Darunter viele Fabrikate der Firmen Diamant und Mifa – nicht retro, sondern original.

Das Konzert findet im Rahmen der *Festspiele Mecklenburg-Vorpommern* statt. An 13 Orten in der Stadt sind über 100 Musiker, Combos und Chöre aus den Bereichen Jazz und Pop, Freestyle, Klassik und Hip-Hop zu hören, verteilt auf eine Nord- und eine Südroute. Ein buntes Potpourri aus der Welt der Musik mitten in der mecklenburgischen Hauptstadt. Die Veranstalter wollen die Teilnehmer überraschen: mit ungewöhnlichen Locations, neuartigen Künstlern, Mitmachkonzerten.

Die Radelstrecken zwischen den musikalischen Events sind einfach zu fahren, gut ausgeschildert und eröffnen ganz neue Aspekte und Blickwinkel auf Schwerin und Umgebung. Sie verknüpfen musikuntypische Spots wie die Ecolea Internationale Schule mit einem mobilen Musikmuseum oder die Flemming-Klinik mit einer Acapella-Band. Wenn an der Seewarte Paulsdamm schließlich argentinischer Swing über den See und die Wiese schallt, hält es niemanden mehr auf den Plätzen. Tanzen, lachen, glücklich sein – die Bewegung auf dem Fahrrad und zu guter Musik sorgt für die doppelte Ladung Endorphine.

Die Eintrittskarte? Ein buntes Einstecktuch, das an jedem Setting den Zugang sichert. Beginn ist am Konzerttag, der immer an einem sommerlichen Junitag stattfindet, um 11 Uhr. Bis 17 Uhr wird geradelt, gelauscht und gefeiert.

10 **Festspiele Mecklenburg-Vorpommern • Lindenstr. 1, 19055 Schwerin • jährlich im Juni • festspiele-mv.de**

Urig mit Band Feiern in der Scheune

→ **Da geht's lang – ein knallgelber Drahtesel weist den Weg zum Café Scheune**

Schon von außen ist es Liebe auf den ersten Blick: Das *Café Scheune* in Eldetal bei Wredenhagen ist ein rustikales Ziegelhaus, über und über bewachsen mit wildem Wein. Drinnen: schwere, hölzerne Deckenbalken und Küchendeko aus Omas Zeiten, alte Schwarz-Weiß-Fotos und rustikale Möbel. Die alte Scheune mit Stall und Heuboden ist eine urige Institution mit intimer Kleinkunstbühne. Weit über die Grenzen der Müritz-Region hinaus bekannt sind die Livekonzerte. London, Amsterdam, Wredenhagen. So lauten die Tourpläne einiger international bekannter Bands. Mal geht es gefühlvoll, mal rockig, mal sphärisch zu. Gut gefüllt ist es hier immer und getanzt wird ab dem ersten Song und bis spät in die Nacht.

Noch mehr Scheunenromantik gibt es in der *Alten Scheune* in Carwitz. Im Sommer knistert jeden Donnerstag das Lagerfeuer, gut gelaunte Menschen lachen und quatschen im Biergarten. Und da sind sie schon, die Musiker, die der Stimmung den letzten Kick verpassen. Alte Hits wie »Jugendliebe« und aktuelle Songs klingen durch die Abendluft. Die Besucher singen mit und klatschen begeistert, sodass es bis zum kleinen Campingplatz tönt. Und das liegt nicht nur am Apoldaer Bier aus Thüringen, das Scheunenbesitzer Frank Donecker ausschenkt. Der Ur-Thüringer und Wahl-Mecklenburger hat aus den verfallenen Brettern eine fetzige Location gemacht, traditionell und modern zugleich. Leckere Cocktails werden in der bunt beleuchteten Scheune gemixt, draußen brutzeln Thüringer Bratwürste und Rostbrätel, dazu gibt es hausgemachten Kartoffelsalat, von der Mama des Chefs höchst persönlich zubereitet.

INSIDER-TIPP
Oh, Mama mía!

11 **Café Scheune • Dorfstr. 1, 17209 Eldetal • cafe-scheune.de**

12 **Alte Scheune Carwitz • Carwitzer Str. 33, 17258 Feldberger Seenlandschaft • altescheune-carwitz.de**

Café
SCHEUNE
20 m

Neubrandenburger
jazz
frühling
www.jazz-nb.de

Jammen im Großformat Der Neubrandenburger Jazzfrühling

Der Jazzfrühling hat seit Jahren einen festen Platz im Kalender von Jazzfans und Anhängern professioneller Liveevents. Das Großereignis, das seit 1992 veranstaltet wird, holt die Welt nach Neubrandenburg und lässt in jedem März die Herzen aufblühen. Die Stadt mit ihrem mittelalterlichen Kern, der begehbaren Stadtmauer und den vier Stadttoren bildet einen fantastischen Rahmen für das hochkarätige Spektakel. Jazzgrößen geben sich beim *Neubrandenburger Jazzfrühling* die Klinke in die Hand. Malcolm Braff, Randy Brecker und Timo Lassy fanden bereits den Weg hierher.

Der Organisator, der JazzConnection e. V., ist immer für Überraschungen gut. Ein abwechslungsreiches Programm aus bekannten Musikern und talentierten Newcomern verteilt sich auf die Stadt: Kleinere Sessions finden mal auf der Straße statt, mal in einer Bar oder in einer Kneipe. Für große Gigs darf's dann auch die Konzertkirche, das Schauspielhaus oder der Saal im Haus der Kulturen und Bildung sein. Der Anteil an Weltmusik wird stets größer, steht aber nie im Gegensatz zu den Jazzevents, sondern spannt einen Bogen zwischen den Genres.

← Jedes Jahr im März ist Neubrandenburg Treffpunkt der internationalen Jazzfans

13 **Neubrandenburger Jazzfrühling • JazzConnection e. V., Große Wollweberstraße 24, 17033 Neubrandenburg • jährlich im März • jazz-nb.de**

72 Stunden feiern
Das Immergut Festival

← Lesungen, Konzerte, Kunstprojekte und ein bisschen Woodstock-Flair beim Zelten – das ist das Immergut Festival

Wer hat eigentlich behauptet, in der Seenplatte gehe es nur ruhig und beschaulich zu? Plätschernde Seen, zwitschernde Vögel – ja, auch, aber immer mehr Festivals bringen die Gegend zum Kochen! Eine feste Größe im Eventkalender ist inzwischen das *Immergut Festival*. Knapp 5000 Fans und zahlreiche Bands der nationalen und internationalen Indierock-Musik kommen nach Neustrelitz und feiern drei Tage lang auf dem Festivalgelände am Bürgerseeweg. Auf drei verschiedenen Bühnen bringen die Musiker ihre Klänge zu Gehör und mischen den Bürgerseeweg kräftig auf! Schräges Aussehen – perfekt! Kostüme – erwünscht! Ein Mikrokosmos fernab vom Alltag eröffnet sich mit den ersten Klängen des Events.

Im Jahr 2000 hat der Verein Immergutrocken unter Mirko Wegner und Daniel Kempf das damals noch überschaubare Festival ins Leben gerufen. Ziel war es das popkulturelle Brachland in Mecklenburg-Vorpommern aufzupeppen und eine Plattform für talentierte Nachwuchskünstler zu schaffen. Dies ist nach zwei Jahrzehnten mehr als gelungen. Mittlerweile geben sich auch zunehmend internationale Größen auf dem Immergut ein Stelldichein. Das Konzept wurde beständig angepasst und neue Attraktionen geschaffen. So werden die musikalischen Gigs um Lesungen, Kunstprojekte und DJ-Sets erweitert. Ein Evergreen und festivalbegleitendes Highlight ist das Fußballturnier Immergutzocken bei dem Gäste, Organisatoren und Musiker gegeneinander kicken. Die Tickets für das Festival sind jedenfalls immer schnell ausverkauft, denn »nach dem Festival ist vor dem Festival«, wie der Nordkurier es auf den Punkt gebracht hat.

14 **Immergut Festival • Am Bürgerseeweg 29, 17235 Neustrelitz • jährlich im Aug. • immergutrocken.de**

Das war ein bisschen viel an Info? Du weißt nicht, wo du anfangen sollst? Na dann, hier kommen ein paar Vorschläge: die Tipps aus diesem Buch, neu gedacht, neu sortiert. Teste dies, probiere das und würfel alles wieder neu zusammen!

Mix & Match

Mach dein eigenes Ding

Kurzurlaub

In zwei Tagen besonders viel erleben

Tag 1

Dem Eisvogel auf der Spur
Der Nebel verzieht sich über Bad Stuer am südlichsten Zipfel des Plauer Sees. Täglich um 10 Uhr geht es auf die *Suche nach dem Eisvogel*. Christian führt zu Nistplätzen und erklärt die Lebensweise des Vogels. Sichtung garantiert. → **S. 141**

Zu Hause bei der Retro-Queen
Wenn du auf Shabby-Chic, Nostalgisches und Retro-Deko stehst, fahr nach Walow. Hier versteckt sich *Maritas Lutterbecks* geheimer Garten – eine Oase der Kreativität aus altem Plunder. Und: Ihre Kreationen kannst du vom Fleck weg kaufen. → **S. 85**

Kunst trifft Kuchen
Nun ist es Zeit für genüssliche Entspannung im *Atelier Café* bei Klink. Zwischen Skulpturen, Gemälden und Keramiken servieren Marietta und Peter kräftige Kaffeekreationen und herrliche Kuchen und Torten wie die Waldberren-Schmand-Tarte. → **S. 36**

Kräuter machen dir Beine
Frisch gestärkt begibst du dich mit Beate und Bianca von der *Kräuterinsel in Wredenhagen* auf Exkursion. Mach dich auf die Suche nach Kräutern aus den umliegenden Wäldern und Wiesen. Dabei lernst du allerlei über Wirkung und Verarbeitung der Pflanzenbestandteile. → **S. 47**

Kunst, Kino & Konzerte
Kehre im *Café Scheune* bei Wredenhagen ein und gönn dir ein Abendessen mit gebratenem Zander und Kartoffelsalat. Mit etwas Glück findet gerade ein Konzert oder eine Kinovorstellung statt. Das besondere Flair aus Großmutters Zeiten gibt's bei Lilly und Hansi immer. → **S. 166**

Tag 2

Mit der Kutsche zum Mittagstisch
Täglich um 9.30 Uhr geht es mit dem Kutscher *Hermann Pries* und seinem Gespann durch die schönen Landschaften um Plau am See. Ziel der Ausfahrt ist das historische Gasthaus Ottoquelle. Hier wartet ein herzhafter Mittagstisch auf die Passagiere. Gesang und kurzweilige Anekdoten vom Kutscher inklusive. → **S. 122**

Nächster Halt: Kunstgenuss
In den schicken Gemäuern der neoklassizistischen Bahnhofshalle gibt es seit einigen Jahren zeitgenössische Kunst und exquisites Kunsthandwerk regionaler und internationaler Künstler zu bestaunen und zu erwerben. In der *Galerie Teterow* gilt: Skulptur trifft Grafik trifft Mode trifft Keramik. → **S. 66**

100 % hochprozentig
Nach einem Bummel durch die weitläufige Klosteranlage von Dargun empfiehlt sich ein Abstecher in den *Klosterladen*. Schon beim Betreten erahnst du die Leidenschaft der Inhaber. Hier wird Hochprozentiges gebrannt. Regionale Spezialitäten, Kunsthandwerk, Kaffee und Kuchen verfeinern das Angebot. → **S. 49**

So alt wie der Wald
Der *Eichenwald in Ivenack* ist richtig alt. Die knorrigen Baumriesen sind imposante Zeitzeugen einer bis zu 1000 Jahre alten Geschichte. Mutige steigen ihnen aufs Dach oder besser in die Kronen und begehen den schwindelerregenden Baumkronenpfad. Für einen Adrenalinkick wird auf 40 m Höhe gesorgt. → **S. 6**

Der Ofen ist aus …
… und heizt immer noch ein, wenn in den Brennräumen der *alten Kachelofenfabrik* heiße Live-Acts ihr musikalisches Können auf die Bühne bringen. Oder wie wäre es mit einem abendlichen Film im Programmkino? Vorzüglich speisen kannst du davor oder danach. Und das weiche Bett ist auch nahe. → **S. 76**

Auszeitturbo
Ein herrlich entspannter Tag

Wandern auf Fridolins Spuren
Nach geruhsamer Nacht und einem kräftigenden Frühstück packst du deinen Rucksack mit Proviant und machst dich auf, um den Fridolin-Wanderweg zu begehen. Die Figur vom frechen Dachs Fridolin aus Hans Falladas Werk führt über den 10,5 km langen Rundweg. Wiesen, Buchenwälder, Kornfelder und die Feldberger Seen hast du stets im Blick. → **S. 16**

Aber bitte mit Sahne
Sommerliebe ist nicht nur ein Gefühl, man kann sie auch schmecken. Pünktlich um 13 Uhr steht die heutige Kuchenauswahl mit Kreide auf der riesigen Tafel geschrieben. Nimm Platz auf der schön bestuhlten Sonnenterrasse und genieße Stachelbeer-Baiser-Torte und ein Kännchen Kaffee. → **S. 36**

Entspannen beim Shoppen
Stolz steht die riesige Weide inmitten des Hofs, der von Werkstätten, Ateliers und Galerien umgeben ist. In den frühen 1990er-Jahren wurde das Gehöft in Thomsdorf saniert. Seitdem zieht der *Kunsthandwerkerhof* Künstler und Handwerker aus nah und fern an. Das Repertoire reicht von Keramik, Malerei und Plastik über Filz und Holz bis zu Skulpturen. → **S. 58**

Schon wieder Hunger?
Deftige Hausmannskost gibt's im *Restaurant der Familie Juhl* in Carwitz. Im beschatteten Biergarten sitzt man herrlich und lässt sich verwöhnen. Vorzugsweise mit Fischgerichten (der Hecht nach Matjes-Art!) und frisch Gezapften. → **S. 19**

Lagerfeuerromantik mit Musik
Einen wunderbaren Ausklang findet dieser entspannte Tag in der *Scheune in Carwitz*. Am Lagerfeuer kannst du ein Glas Wein genießen, der Livemusik lauschen und mit anderen ins Gespräch kommen. → **S. 166**

Kinderkram
So werden die Kleinen glücklich

Irren ist menschlich
Auch im *Irrgarten in Bollewick* wird diese menschliche Schwäche vielfach unter Beweis gestellt. Gut nur, dass diese hier niemandem auf die Füße fällt. Hier kann sich maximal die Wegstrecke vom Start bis zum Ziel um einiges verlängern. Was ja auch Teil des Spaßes ist. → **S. 95**

Grüße aus der Prärie
Bis zu 3,5 m lang und 1000 kg schwer sind die mächtigen Vegetarier. Um den Fortbestand der Bisons zu sichern, werden im *Wisentreservat Damerow* mehrere Zuchtherden gehalten. Bis zu 30 Tiere leben hier. Parkranger kümmern sich um die sanften Riesen und halten interessante Infos parat. → **S. 145**

Schnee von gestern …
… ist an diesem Hang nicht nötig. Die *Sommerrodelbahn in Burg Stargard* lässt nicht nur Kinderherzen höher schlagen. Mit einem Affenzahn rauschst du die 800 m den Berg hinab. Links, rechts, links, links … Zu kurz? Gleich nochmal rauf! → **S. 92**

Tipi, Tomahawk und Marterpfahl
Winnetou und Yakari würden sich hier wohlfühlen. Spiel, Spaß und Entspannung gibt es für die ganze Familie im *Klax-Indianerdorf* bei Waren. Abends erklingt die Trommel am Lagerfeuer und das Stockbrot backt in den Flammen, bevor es zur Nachtruhe in die Tipis geht. → **S. 65**

Auf die Bäume, ihr Affen …
Gut gesichert kannst du es den Affen gleich tun. Für Kinder gibt es im *Kletterwald Müritz* extra einfache Parcours. Auf den Routen Eichhörnchen und Greenhorn können die Kleinen unter Aufsicht ihr tierisches Talent zeigen. Nervenkitzel, so heißt hier nicht nur ein Parcours. → **S. 99**

Sauwetter
Wo es bei Regen besonders schön ist

Sich wie ein König fühlen

Es gießt wie aus Kannen? Das ist die Gelegenheit, König zu spielen und »dein« *Schloss Schwerin* mal richtig von unten bis oben zu erkunden. Schau nach, ob in »deinen« Schlafgemächern alles in Ordnung ist und Staub in der Gemäldegalerie gewischt wurde. Ganz oben genießt du den Blick über »dein« Reich. → **S. 20**

Zieh dir den Fritz rein

Literatur ist nix für dich? Ach Quatsch! Der Fritz war ein interessanter Bursche, schrieb, wie er laberte, und wurde damit berühmt. Und zwar nicht auf Hochdeutsch! Das ist spannend und kannst du dir im *Fritz-Reuter-Literaturmuseum* in Stavenhagen ansehen. → **S. 61**

Orange wie Gold, stachlig wie ein Kaktus

Hä? Die Rede ist vom Sanddorn. Wächst hier. Schmeckt gut. Ist quasi ein Superfood. Sanddorn erleben kannst du rund um Ludwigslust. Als Plantage, als Praline, als Torte. Und: Bei schlechtem Erkältungswetter hält dich die Powerbeere fit. → **S. 50**

Mit Käse lockt man Mäuse …

… und Käseliebhaber in die *Schafscheune in Vietchow*. In der Hofkäserei wird so manch köstlicher Laib fabriziert. Wer genaueres wissen will, stellt sich selber an den Kessel und käst unter fachkundiger Anleitung seinen eigenen Laib. → **S. 35**

Bunter Kugelhagel im Regen

Bei Sonnenschein kann es jeder. Aber bei Regen und Matsch wird Paintball im *Paintball Park Rühlow* zur Herausforderung. Jetzt musst du nur noch Mitstreiter finden, die wie ein Farbeimer aussehen wollen. Vorsicht, Rutschgefahr! → **S. 108**

Low Budget
Tipps für Clevere & Schnäppchenjäger

Auf der Suche nach dem Schnitzel
Schnitzeljagd, das war mal. Heute machen sich die modernen Jäger und Sammler mit ihren Smartphones auf den Weg – und zwar beim *Geocaching*. Neubrandenburg hält tolle Caches bereit. Finde sie! → **S. 22**

Ein Fitnessstudio mitten im Wald
Keine Lust, Geld für eine Muckibude auszugeben? Im Heilwald Quetzin kommst du auch ohne Geld auf deine Fitness-Kosten. Rudern, Balancieren, Joggen – alles geht. Nebenbei kannst du in dem Naturschutzgebiet am Westufer des Plauer Sees dein Wissen über die Natur trainieren. → **S. 125**

Wenn das Essen günstig sein soll …
… spielst du in einem der vielen Hofläden Picknick-Roulette: Alle packen ein, was sie am liebsten essen. Heraus kommt frisches Brot, Gemüse und Marmelade. Ein Platz für dein Picknick ist an der Seenplatte schnell gefunden. Wie wäre es auf einem Hinkelstein, z. B. zwischen Groß Görnow und Eickelberg? → **S. 134**

Großes Kino für wenig Geld
Wer braucht schon riesige Cinekomplexe, wenn es schnucklige nostalgische Kinosettings gibt – und das mitten in der Kirche? In Nossentin lockt die *Kunstkirche* zu Kinoabenden mit Kultfilmen – ganz umsonst. → **S. 69**

Ganz schön kalt
Lange waren das Wissen und die Anwendungen der Kneippkuren in die Versenkung geraten. In und um *Feldberg* wurden nun zwei Kneippbecken zur Stärkung der Gesundheit installiert. Das Wassertreten vitalisiert – ausprobieren! → **S. 138**

Shoppingfieber
Hier kannst du fette Beute machen

Schnapp dir dein Lieblingsteil
Was führt eine Ur-Berlinerin an die Seenplatte? Diese und alle anderen Fragen zu den wunderbaren Töpfereien von *Sabine Oettel* kannst du der Künstlerin stellen, während du dir in ihrem schönen Gartenatelier im Dörfchen Laeven dein Lieblingstöpferstück aussuchst. → **S. 63**

Alles rund um den Fisch
Fisch auf die Hand, Fisch für die Pfanne oder Fisch geräuchert fürs gesunde Abendbrot – im *Fisch Kauf Haus* in Waren stehst du vor der riesigen Theke und Aal, Maräne, Saibling und all die anderen »tollen Hechte« der 1000 Seen schauen dich an. Und du sie. Probier dich durch. → **S. 32**

Wer hier nix findet, ist selber schuld
Im *Kells – Müritzer Bauernmarkt* in Klink laufen die Regale über. Selbstgemachte Marmeladen, Liköre und Honig, Kunsthandwerk und Dekoartikel – für Stöberfreunde der perfekte Ort. Ein tolles Geschenk sind die Bio-Seifen! → **S. 40**

Schon mal 'nen Storch getrunken?
Falls nicht, hast du in Lychen Gelegenheit dazu. Jedoch solltest du ein Bierfan sein – denn der *Storch* ist eine Brauerei. Hier bekommst du Starkes, Leichtes, Helles, Dunkles – alles Craftbiere, alles selbstgebraut von Henning. Der übrigens Storch mit Nachnamen heißt. → **S. 30**

Zurück in die Vergangenheit
Den DDR-Klassiker mit 26 PS selber steuern. Das macht Laune. Das passende Ziel ist das *DDR-Museum*. Nach einem Rundgang ergatterst du im Museumsshop nostalgische Mitbringsel. Ob Alltagsgegenstände, Spiele, Literatur oder Kulinarik, ein Schmunzeln bleibt. → **S. 104**

Weltreise daheim
Exotische Orte ganz nah

Mein Wecker, der Kakadu
Nach der herrlichen Nacht im Baumhaus im *Schweriner Zoo* wirst du von exotischem Vogelgeschrei geweckt. Das Frühstück auf der Terrasse mit Blick auf die Tiergehege bringt Kraft für die Zoo-Safari. Wer tagsüber nicht genug bekommt, macht noch die nächtliche Tour. → **S. 115**

Auf nach Peru!
So oder zumindest so ähnlich fühlt es sich jedenfalls an, wenn du auf Wandertour mit kuscheligen Alpakas gehst. Mit Grisu und Fuchur von *Fleesensee Alpakas* in Penkow oder mit den braun-schwarz-beigen Fellbündeln von *Müritz Alpaka* in Ankershagen kommt die Welt der Anden zu dir – inklusive einer Portion Entspannungstherapie. → **S. 121**

Jenseits von Afrika
Ein kleines Stück Afrika erlebst du auf dem *Straußenhof* in Vipperow. Bei einer Führung erfährst du, warum diese Vögel nicht fliegen können, sie besonders intelligent sind und den Kopf niemals in den Sand stecken würden. Die Fütterung der Strauße ist ein echter Spaß. → **S. 38**

Eisgenuss ohne Schnickschnack
Das junge Team von *Jackle & Heidi* hat sich dem puren Eisgenuss verschrieben. Natürliche Zutaten, Exotik und die Suche nach immer neuen Sorten stehen im Fokus. Mango-Kokos, Avocado-Limette oder Mojito – na, spürst du schon den Ruf der Ferne? → **S. 43**

Unter Palmen abhängen …
… wie auf Hawaii, die Wellen rauschen, die Sonne scheint – das klingt fast wie ein Tag in Göhren-Lebbin oder besser: in der Spa-Landschaft des *Schlosshotels Fleesensee*. Das volle Programm Wassergenuss und Entspannung warten. → **S. 126**

Wo find ich das? Wo will ich hin? Was ist sonst noch in der Nähe? Wer hat sich das alles ausgedacht? Und wohin schicke ich meine Fanpost, mein Feedback? Ganz schön viele Fragen. Die folgenden Seiten helfen dir weiter.

Dies & Das

Karten, Register und mehr

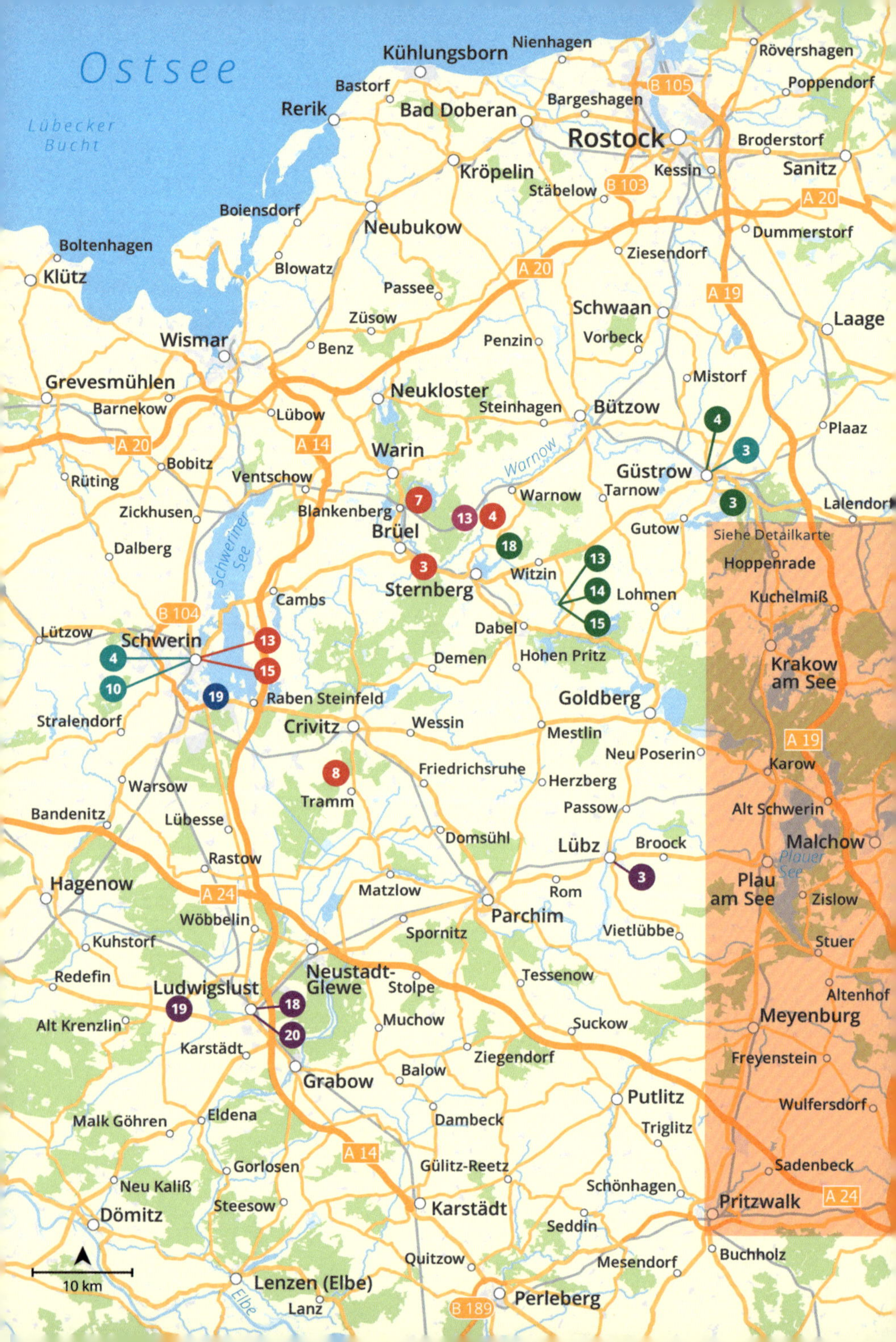
Ostsee
Lübecker Bucht
Kühlungsborn
Nienhagen
Rövershagen
Bastorf
B 105
Poppendorf
Rerik
Bad Doberan
Bargeshagen
Rostock
Broderstorf
Kröpelin
Kessin
Sanitz
Stäbelow
B 103
A 20
Boiensdorf
Neubukow
Dummerstorf
Boltenhagen
Ziesendorf
Klütz
Blowatz
A 20
Passee
A 19
Schwaan
Laage
Zúsow
Vorbeck
Wismar
Benz
Penzin
Mistorf
Grevesmühlen
Neukloster
Barnekow
Steinhagen
Bützow
Lübow
Plaaz
A 20
A 14
Warin
Bobitz
Warnow
Güstrow
Rüting
Ventschow
Tarnow
Warnow
Lalendorf
Blankenberg
Zickhusen
Brüel
Gutow
Siehe Detailkarte
Dalberg
Schweriner See
Hoppenrade
Witzin
Sternberg
Lohmen
Kuchelmiß
Cambs
B 104
Dabel
Lützow
Schwerin
Krakow am See
Demen
Hohen Pritz
Raben Steinfeld
Goldberg
Stralendorf
Crivitz
Wessin
Mestlin
A 19
Neu Poserin
Friedrichsruhe
Karow
Herzberg
Warsow
Tramm
Passow
Alt Schwerin
Bandenitz
Lübesse
Domsühl
Broock
Malchow
Lübz
Plauer See
Rastow
Plau am See
Hagenow
Matzlow
Rom
Zislow
A 24
Parchim
Wöbbelin
Spornitz
Vietlübbe
Kuhstorf
Stuer
Neustadt-Glewe
Redefin
Tessenow
Altenhof
Ludwigslust
Stolpe
Meyenburg
Alt Krenzlin
Muchow
Suckow
Karstädt
Freyenstein
Ziegendorf
Grabow
Balow
Putlitz
Wulfersdorf
Eldena
Malk Göhren
Dambeck
Triglitz
A 14
Gorlosen
Gülitz-Reetz
Sadenbeck
Neu Kaliß
Schönhagen
Pritzwalk
A 24
Steesow
Dömitz
Karstädt
Seddin
Quitzow
Mesendorf
Buchholz
10 km
Lenzen (Elbe)
Elbe
Perleberg
Lanz
B 189

Klassiker reloaded
Leckerbissen
Kreative Orte
Wilde Seite
Ruhige Ecken
Pralles Leben
Semlow
Franzburg
B 96
Marlow
Drechow
Schönenwalde
Dettmannsdorf
Grimmen
Bad Sülze
Zarrentin
Levenhagen
A 20
Tribsees
Süderholz
Grammow
Tessin
Behren-Lübchin
Glewitz
Lühburg
Görmin
Gnoien
Nossendorf
Loitz
Walkendorf
Finkenthal
Gützkow
Kletzin
Jarmen
Prebberede
Demmin
Lüssow
Altkalen
Dargun
Liepen
Groß Polzin
Kruckow
Peene
Jördenstorf
Völschow
Neetzow
Anklam
Utzedel
Neukalen
Postlow
Thürkow
Hohenmocker
Meesiger
Beggerow
Teterow
Breest
Lindenberg
Altenhagen
Burow
Malchin
Sarnow
Siedenbollentin
Hohen Demzin
Tützpatz
Boldekow
Altentreptow
Langhagen
Gielow
Reuterstadt Stavenhagen
Grischow
Friedland
Vollrathsruhe
Groß Teetzleben
Zettemin
Moltzow
Kittendorf
Rosenow
Neverin
Hohen Wangelin
Neuenkirchen
Galenbeck
Varchentin
Neubrandenburg
Vielist
Groß Plasten
Schönhausen
Möllenhagen
Cölpin
Penzlin
Kölpinsee
Burg Stargard
Waren (Müritz)
Penkow
Klink
Müritz-
Woldegk
Hohenzieritz
Sietow
Müritz
Wolfshagen
Röbel/ Müritz
Blankensee
Möllenbeck
Fürstenwerder
Leizen
Nationalpark
Siehe Detailkarte
Neustrelitz
Carpin
Kambs
Vipperow
Feldberg
Feldberger Seenlandschaft
A 19
Wesenberg
Buchholz
Mirow
Hardenbeck
Biesen
Lychen
Mittenwalde
Groß Haßlow
Fürstenberg/ Havel
Klosterwalde
Wittstock/Dosse
Densow
Bredereiche
Templin
Menz
A 24
Milmersdorf
Rheinsberg
Großwoltersdorf

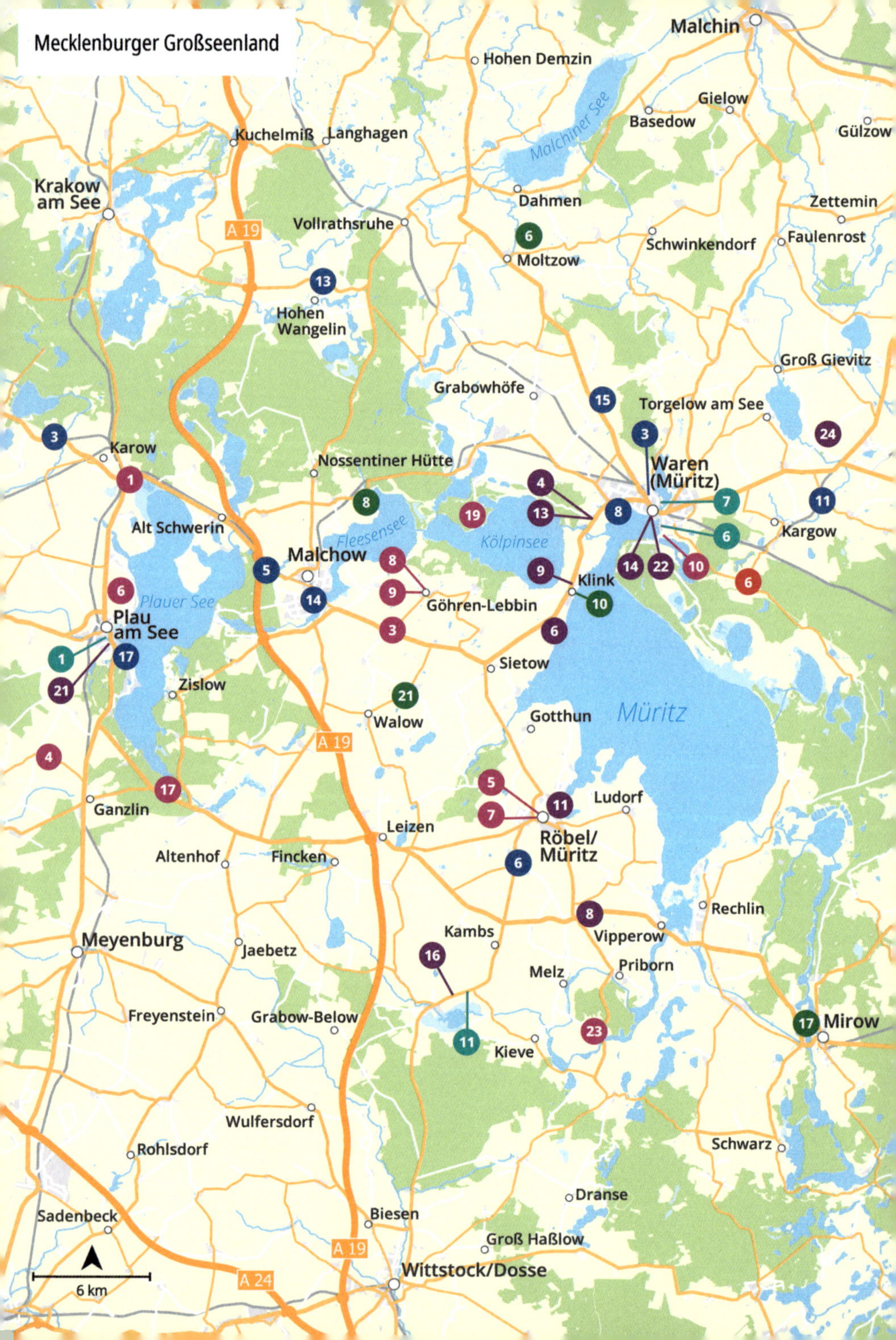
Mecklenburger Großseenland
Malchin
Hohen Demzin
Gielow
Basedow
Gülzow
Malchiner See
Kuchelmiß
Langhagen
Krakow am See
Dahmen
Zettemin
A 19
Vollrathsruhe
Schwinkendorf
Faulenrost
Moltzow
Hohen Wangelin
Groß Gievitz
Grabowhöfe
Torgelow am See
Karow
Nossentiner Hütte
Waren (Müritz)
Kargow
Alt Schwerin
Fleesensee
Kölpinsee
Malchow
Klink
Göhren-Lebbin
Plauer See
Plau am See
Sietow
Zislow
Gotthun
Müritz
Walow
Ludorf
Ganzlin
Leizen
Röbel/ Müritz
Altenhof
Fincken
Rechlin
Kambs
Vipperow
Meyenburg
Jaebetz
Melz
Priborn
Freyenstein
Grabow-Below
Mirow
Kieve
Wulfersdorf
Rohlsdorf
Schwarz
Dranse
Sadenbeck
Biesen
Groß Haßlow
A 24
Wittstock/Dosse
6 km

Feldberger Seenlandschaft
Lichtenberg
Am Roßbauer
Schlicht
Lütter See
Breiter Luzin
Weitendorf
Tornowhof
Schlichter Damm
16
Haussee
12
8
Wittenhagen
25
Fürstenhagen
1
Lüttenhagen
15
Feldberg
Feldberger
7
Zansen
Neuhof
14
Hullerbusch
Seenlandschaft
Conow
Laeven
12
7
5
Boisterfelde
Carwitzer
See
Carwitz
10
Rosenhof
11
11
12
Funkenhagen
12
Thomsdorf
Zum Zeltplatz
1
Steinrode
Krüselinsee
Charlottenthal
Mechow
Klassiker reloaded
Leckerbissen
Kreative Orte
Wilde Seite
Ruhige Ecken
Pralles Leben
1 km
Lychener Chaussee

Register

Impressum

1. Auflage 2021

Printed in Italy

MIX
Papier aus verantwortungsvollen Quellen
FSC® C015829
FSC
www.fsc.org

Text: Juliane Israel
Konzept: Katrin Burr, Susanne Heimburger, Monique Sorban
Projektmanagement
Susanne Heimburger
Gestaltung Umschlag außen
Eggers + Diaper, Potsdam
Gestaltung Innenteil, Umschlag innen
Sofarobotnik – Büro für Gestaltung, Augsburg & München
Lektorat
Olaf Rappold, Stephanie Ziegler
Bildredaktion
Anja Schlatterer
Produktion
red.sign GbR, Stuttgart
Kartografie
© MAIRDUMONT, Ostfildern, unter Verwendung von Kartendaten von OpenStreetMap, Lizenz CC-BY-SA 2.0

Bildnachweise

Titelillustration: Birgit Eggers

Fotos: Archiv Schliemann-Museum: Thomas Kunsch (146/147); Basiskulturfabrik GmbH, Neustrelitz (77); BEWAHREN Ferienhaus eG: Jan Kulke (128 o.); Thomas Bombis (101); BunBo – das BungalowBoot, www.BunBo.de (148); Café Scheune (167); DuMont Bildarchiv: P. Frischmuth (Klappe innen M. l., 44 o.), O. Meinhardt (51 o.), T. Roetting/S. Pollex (Klappe innen o., 8 u., 18 o., 81, 114 o., 174); Lutz Edelhoff (72); Festspiele Mecklenburg-Vorpommern: Geert Maciejewski/Oliver Borchert (164); Fischerei Müritz-Plau GmbH (33); Fleesensee Alpakas: A. Tönnessen (120, 181); fotofloh (163); Fritz-Reuter-Literaturmuseum Stavenhagen (60 o.); Güstrow Tourismus e. V. (60 u.); huber-images: R. Schmid (70); Irrgarten Bollewick (94); J. Israel (Klappe innen u., 7, 8 o., 11, 13 o., 14, 17, 18 u., 23, 37, 41, 54, 62, 84, 90, 110 o., 131, 132/133, 135, 136, 139 o., 140, 156 o., 176, 180, 191); iStockphoto: LumiNola (127 o.), Irina Meshcheryakova (178), nd3000 (127 u.), puckons (156 u.); Jackle & Heidi GmbH (42); Rainer Willy Jestrabek (98 u.); JRE Deutschland (28 u.); Kaffeehus Kittendorf (78); Evelin Kartheuser (119 o.); Klax Berlin gGmbH (64, 177); Klosterladen in Dargun: Thomas Strysch (48); Kultur-Transit-96 e.V, House of Pictures: Jens Wagenknecht (154); Kunstverein Teterow e.V. (66/67, 175); laif: G. Hänel (53 u.), B. Jonkmanns (113), C. Kerber (161); Latücht – Film & Medien e. V. (68 o.); Jörg Lehmann (28 o.); Andreas Lehrmann (123); Ludwigsluster Schloss-Café (51 u.); Geert Maciejewski (168); mauritius images: A. Vitting (119 u.); mauritius images/Cultura (109 o.); mauritius images/imagebroker: H. Blossey (106); MAXLUZI (83); Nationalparkamt Müritz: Christina Weisphal (13 u.); Michael Nitsche (105); picture-alliance/ZB: J. Büttner (24, 75, 114 u.), T. Härtrich (44 u.); Quad-Tour Feldberg (97); Christine Radecke (59); Rodelbahn & Affenwald Malchow: Gregor Reisch (93); Rothener Hof e.V.: Christian Lehsten (Klappe innen M. r.); Schafscheune Vietschow: Steffen Honzera (34); Sigrid Schwarz, Berlin (68 u.); Shutterstock: Petr Boodko (109 u.), ByeByeSSTK & Birgit Eggers (192), Falk Herrmann (102 o.), Merla (102 u.), David Tadevosian (98 o.), Yana Tatevosian (179), Traveller Martin (139 u.); SpielWaren GmbH: Gerlind Klemens (159); Staatliche Schlösser, Gärten und Kunstsammlungen Mecklenburg-Vorpommern: Thomas Grundner (20/21); Henning Storch (31); Straußenhof Brandt (39); Tourist Info Plau am See GmbH/Bäderverband M-V: Hendrik Silbermann/Antje Bernstein (53 o., 110 u., 124, 152/153); Wasserski-Seilbahn Neubrandenburg (89); Niklas Wolter (170); www.sup-mv.de: Annett John/Anne Wendt (143); Fred Zentner, Revf. (144); Zillmann/Krasnowski (46/47)